互联网众包创新平台的信任机制研究

郭文波 著

北京邮电大学出版社
www.buptpress.com

内 容 简 介

随着通信基础设施建设的加强和网络信息技术的广泛应用,依托网络环境的众包市场正迅速发展。本书针对众包市场信任机制展开研究。第一,以快速信任和基于了解的信任为基础,构建众包市场的买方-供应方交易过程模型。第二,构建了众包市场供应方选择因素模型并加以验证。第三,基于正式控制和关系治理理论,构建了众包市场买方对供应方的未来合作意愿实证模型并加以验证。第四,通过案例研究,对研发众包市场的三方信任机制构建提供了理论建议,发展了信任理论在研发众包市场的应用。第五,分析了我国互联网众包发展面临的主要问题,并给了相应政策建议。总之,本书以信任理论及其相关构念关系为基础,以众包市场为研究对象,运用理论分析、实证分析和案例分析的方法对众包市场内供应方选择和合作关系维系等问题开展了一系列的研究,取得了一定的理论创新。

图书在版编目(CIP)数据

互联网众包创新平台的信任机制研究 / 郭文波著. -- 北京:北京邮电大学出版社,2021.10(2024.9重印)

ISBN 978-7-5635-6532-0

Ⅰ.①互… Ⅱ.①郭… Ⅲ.①互联网络—应用—企业管理—信用制度—研究 Ⅳ.①F272-39

中国版本图书馆 CIP 数据核字(2021)第 214736 号

策划编辑:彭 楠　　责任编辑:王晓丹　左佳灵　　封面设计:七星博纳

出版发行:北京邮电大学出版社
社　　址:北京市海淀区西土城路 10 号
邮政编码:100876
发 行 部:电话:010-62282185　传真:010-62283578
E-mail:publish@bupt.edu.cn
经　　销:各地新华书店
印　　刷:河北虎彩印刷有限公司
开　　本:720 mm×1 000 mm　1/16
印　　张:10.75
字　　数:180 千字
版　　次:2021 年 10 月第 1 版
印　　次:2024 年 9 月第 2 次印刷

ISBN 978-7-5635-6532-0　　　　　　　　　　　　　　　定价:56.00 元

・如有印装质量问题,请与北京邮电大学出版社发行部联系・

前　言

随着通信基础设施建设的加强和网络信息技术的广泛应用,依托网络环境的众包市场正迅速发展。利用外部资源,尤其是互联网环境下的人才资源,客户可以降低成本、提高效率,进而充分发挥自身的核心竞争优势。此外,以开放式创新为基础的研发众包以一种开放和动态的创新模式融入欧美发达国家的经济链条,改变着全球范围内的创新动态。国外的 InnoCentive、Elance,国内的猪八戒网、一品威客、任务中国等众包平台已经吸引百万名以上的用户,取得了极大的商业成功。

尽管互联网经济发展得如火如荼,在用户规模和交易额快速增长的背后也暗藏着一系列问题,其中信任问题就是瓶颈之一。众包市场作为一种服务产品的交易平台,传统电子商务面临的信任问题在这里同样存在。鉴于目前关于众包市场的信任研究比较少,研究问题比较零散,本书的主要研究内容和研究问题包括三个部分:

(1) 与传统外包相比,众包市场中主体间信任展现出哪些不一样的特点?具体表现是什么?

(2) 影响众包市场买方选择供应方的因素有哪些?信任起到什么样的作用?影响众包市场买方和供应方外包合作关系的因素有哪些?买方对平台的信任和买方对供应方的信任如何影响合作关系?

(3) 以信任理论为基础,有哪些关键网站机制可以促进中国情境下的研发众包市场构建?

基于现实和理论背景分析,在借鉴前人研究成果的基础上,本书从众包市场的实际出发,进行了理论、实证与案例多维度的研究。本书的主要创新点可以归纳为以下几点：

第一，本书以快速信任和基于了解的信任为基础，构建了众包市场的买方-供应方交易过程模型。这是准确理解众包市场买方对供应方选择及其之间关系维系问题的基础。第二，本书构建了众包市场供应方选择因素模型并加以验证，发现快速信任在感知供应方胜任力和感知供应方声誉对供应方选择的影响中起到中介作用。本书针对众包市场的特定环境，提出任务-供应方匹配这一概念，并采用主观匹配的方法对其进行测量。第三，基于正式控制和关系治理理论，本书构建了众包市场买方对供应方的未来合作意愿实证模型并加以验证。在正式控制的测量模型中加入网站制度有效性这一变量；同时，在对关系治理有效性的测量中选取了复合构成型和反映型的多原因多指标测量模型。通过分析，本书发现买家与供应方之间关系的维系取决于交易完成后买家对供应方的信任，而不依赖于买家对市场的信任。在关系治理有效性的测量模型中，和谐的冲突解决起到关键作用，相互依赖次之，关系准则最弱。第四，通过案例研究，本书对研发众包市场的三方信任机制构建提供了理论建议，发展了信任理论在研发众包市场的应用。人才库建设、基于匹配的双向推荐、认证和声誉机制、部分托管和平台担保等机制可以增进快速信任；同时，进度报告、基于众包市场的仲裁等机制可以增进双方的信任。第五，本书分析了我国互联网众包发展面临的主要问题，并给了相应政策建议。

总之，本书以信任理论及其相关构念关系为基础，以众包市场为研究对象，运用理论分析、实证分析和案例分析的方法对众包市场内供应方选择和合作关系维系等问题开展了一系列的研究，取得了一定的理论创新。

本书得到国家自然科学基金重点项目（72032006）、国家自然科学基金国际（地区）合作与交流项目（72011540408）以及国家自然科学优秀青年基金项目（71722014）的资助，同时得到陕西高校青年创新团队"大数据与商务智能"的支持。

目　录

第 1 章　绪论 ……………………………………………………… 1

1.1　研究背景和意义 ………………………………………… 1
1.1.1　现实背景 …………………………………………… 1
1.1.2　理论背景 …………………………………………… 7
1.2　研究问题 ………………………………………………… 8
1.3　研究方法 ………………………………………………… 8

第 2 章　理论基础与文献综述 …………………………………… 11

2.1　众包的研究综述 ………………………………………… 11
2.1.1　众包的定义 ………………………………………… 11
2.1.2　互联网众包的模式特征和国内外研究现状 ………… 12
2.2　关于信任的相关研究 …………………………………… 16
2.2.1　关于信任的定义和维度 …………………………… 16
2.2.2　快速信任 …………………………………………… 19
2.2.3　信任转移和基于制度的信任 ……………………… 21
2.3　正式控制 ………………………………………………… 23

2.3.1　合同治理 ·· 24
　　2.3.2　网站制度 ·· 28
　　2.3.3　关系治理 ·· 30
　　2.3.4　合同治理和关系治理的关系 ································ 32
本章小结 ·· 34

第3章　基于众包平台过程模型的信任分类 ························ 35

3.1　引言 ·· 35
3.2　理论基础 ·· 36
　　3.2.1　过程模型 ·· 36
　　3.2.2　信任的阶段性 ·· 39
3.3　互联网众包服务平台交易过程模型构建 ······················ 41
本章小结 ·· 43

第4章　众包平台中的供应方选择机制研究 ······················ 44

4.1　研究背景 ·· 44
4.2　理论基础 ·· 45
　　4.2.1　维度一：胜任力 ·· 45
　　4.2.2　维度二：声誉 ·· 48
　　4.2.3　维度三：任务-供应方匹配 ································ 50
4.3　研究模型与假设 ·· 51
4.4　研究方法 ·· 53
　　4.4.1　数据来源与变量说明 ······································ 53
　　4.4.2　内容效度 ·· 55
4.5　数据分析方法：偏最小二乘-结构方程模型（PLS-SEM） ···· 56
　　4.5.1　PLS-SEM的特点和优势 ···································· 57
　　4.5.2　PLS-SEM的计算方式 ······································ 57

    4.5.3 反映型指标及其检验方法 ……………………………………… 58

    4.5.4 构成型指标及其检验方法 ……………………………………… 59

  4.6 结果分析 …………………………………………………………………… 60

    4.6.1 测量模型 …………………………………………………………… 61

    4.6.2 结构模型 …………………………………………………………… 63

  4.7 结论和讨论 ………………………………………………………………… 68

    4.7.1 任务-供应方匹配角度分析 ……………………………………… 68

    4.7.2 声誉和胜任力与网站制度的关系 ……………………………… 69

  本章小结 ………………………………………………………………………… 71

第5章 众包平台中买方对供应方的未来合作意愿研究 …………………… 73

  5.1 引言 ………………………………………………………………………… 73

  5.2 研究假设与理论模型 ……………………………………………………… 74

    5.2.1 信任 ………………………………………………………………… 74

    5.2.2 正式控制 …………………………………………………………… 75

    5.2.3 关系治理 …………………………………………………………… 75

    5.2.4 未来合作意愿 ……………………………………………………… 76

  5.3 测量模型和量表设计 ……………………………………………………… 77

    5.3.1 二阶测量模型的四种常规模式 ………………………………… 77

    5.3.2 指标多原因模型（MIMIC）简介 ………………………………… 79

    5.3.3 量表设计 …………………………………………………………… 80

  5.4 样本与调研过程 …………………………………………………………… 83

  5.5 数据分析 …………………………………………………………………… 83

    5.5.1 测量模型 …………………………………………………………… 83

    5.5.2 结构模型 …………………………………………………………… 87

  5.6 讨论与结论 ………………………………………………………………… 90

    5.6.1 结论 ………………………………………………………………… 90

5.6.2 不足与展望 ……………………………………………… 91

本章小结 ……………………………………………………………… 91

第6章 基于信任理论的研发众包平台构建的案例分析 …………… 93

6.1 引言 ………………………………………………………………… 93

6.2 研究背景 …………………………………………………………… 94

    6.2.1 欧美研发众包案例 ………………………………………… 94

    6.2.2 中国创新体系视角下的众包 ………………………………… 96

6.3 相关理论分析 ……………………………………………………… 99

    6.3.1 众包与开放式创新 ………………………………………… 99

    6.3.2 社会信任环境 ……………………………………………… 100

    6.3.3 研发众包平台开发情境下的三方信任 …………………… 101

6.4 研究方法 …………………………………………………………… 102

6.5 案例介绍 …………………………………………………………… 103

    6.5.1 案例背景介绍 ……………………………………………… 103

    6.5.2 成功案例:某市电子商务报告项目介绍 ………………… 103

    6.5.3 失败案例:SD 项目介绍 …………………………………… 105

    6.5.4 数据收集 …………………………………………………… 107

6.6 案例分析 …………………………………………………………… 108

    6.6.1 基于网站制度的分析 ……………………………………… 108

    6.6.2 基于合同治理的分析 ……………………………………… 110

    6.6.3 基于关系治理的分析 ……………………………………… 111

6.7 基于信任理论的研发众包平台机制设计 ………………………… 113

6.8 研究不足 …………………………………………………………… 115

本章小结 ……………………………………………………………… 116

第7章 政策建议 …………………………………………………… 117

7.1 我国互联网众包发展面临的主要问题 ………………………… 117

7.2 相关政策建议 …………………………………………………… 118

参考文献 ……………………………………………………………… 121

附录1 服务商-任务匹配因素问卷调查 ……………………………… 148

附录2 网络化众包平台调查问卷 …………………………………… 151

附录3 信任-未来合作意愿模型结果对比 …………………………… 154

附录4 删除善意指标的信任-未来合作意愿模型结果 ……………… 155

附录5 定制合同和关系治理的交互作用 Smart PLS 结果 ………… 156

附录6 SD项目技术服务合同 ………………………………………… 157

附录7 研发众包平台调研访谈提纲 ………………………………… 161

第1章 绪　　论

1.1　研究背景和意义

1.1.1　现实背景

1. 众包的发展

随着通信基础设施和网络信息技术的迅速发展,依托于网络环境的众包模式正迅速发展,并且由于互联网具有覆盖面广、无地域限制、沟通快捷方便等优势,过去只能面向专业机构的外包可以通过互联网扩展到全社会。利用外部资源,尤其是互联网环境下的人才资源,客户可以降低成本、提高效率,进而充分发挥自身的核心竞争力。在2006年6月的美国《连线》杂志上,Jeff Howe[1]首次提出了众包概念:众包是指一个公司或机构把过去由员工执行的工作任务,以自由自愿的形式外包给非特定的(而且通常是大型的)大众网络的做法。

众包平台最早在美国建立。早期的InnoCentive、Elance在短期内取得了行业内的认可和成功。其中,Elance和Odesk在2013年成功合并,合并后的众包平台共服务全球180个国家将近200万家企业及800万名自由职业者。如今,国内外众多的互联网众包服务平台如雨后春笋般地迅速发展。如今,国内外众多的互联网众包服务平台如雨后春笋般地迅速发展。表1-1对国外一些知名的众包平台作了统一介绍,以便读者对不同平台的特征形成系统整体的理解和认识。

表 1-1　国外知名众包平台详细介绍

典型平台(成立时间)	平台所涵盖任务类型	运行机制
InnoCentive(2001)	科研与创意行业,如制药、生物科技,以及农业综合产品、塑料、食品、化学品研发	公司在 InnoCentive 平台上签约成为寻求者,在平台上张贴挑战,每项挑战都包括详细说明和相关要求、截止日期,以及为最佳挑战者提供的奖金金额,而寻求者的名称及相关信息得到完全保密。在收到答案后,寻求者审阅递交的解决方案,奖金只颁发给符合要求或者最好的挑战者
Odesk(2002)	网站设计、营销推广、程序开发、写作翻译、建筑装修、商务服务、生活服务、多媒体处理、网络信息系统开发	先由需求方为公司发布定制任务,平台上的劳力需要提交标书,标书内容包括任务报价、完成时间、任务完成方案等。需求方评估所有标书后确定中标者,然后由中标者完成任务并获得报酬
Amazon Mechanical Turk[2](2005)	人工智能任务(HIT),如照片/视频处理、数据验证/清除、信息收集、数据处理	需要完成任务的企业或开发人员可以使用强大的 Mechanical Turk API 联系全球各地数以千计的高质量、低成本按需任务竞标者,然后通过编程将工作成果直接集成到他们的业务流程和系统中
CrowdFlower(2009)	与 AMT 类似,但是任务可分解,主要涉及与数据收集、内容审核和产品搜索相关的工作	公司在网站上填一张申请单提供任务信息,平台立即计算出价格,然后把工作分成几个部分并予以分配,每一个部分由一个人完成。接下来,平台会要求选择一个劳力来源,可以选择内部劳力,也可以选择外部平台,如 AMT 或 Facebook 上的那些让用户做一些事情以赚取虚拟货币的应用。一旦任务完成,平台会做一次质量检查,一方面检验出哪些劳力的质量更高,另一方面保证交货的质量。之后,新接到的任务就会交给那些有良好记录的劳力。每一笔交易中,平台都会抽取一部分佣金,其余的付给劳力

续表

典型平台(成立时间)	平台所涵盖任务类型	运行机制
Crowdsource(2011)	营销文案策划、数据处理、音频转换、文案资料修改	在平台中,公司提出的工作要求会被摆到虚拟的书架上,满足工作要求的劳力可以根据自己的能力来认领相应的任务,完成后领取相应的报酬。众包平台上所有的劳力都需要经过审查(能力测验)才能上岗,所以质量非常高
Kaggle(2010)	以大数据为背景,任务类型不受限制,可涉及商业、电影、食品、科研等领域	公司可以将他们的数据、问题,以及期望的指标整理后发布到Kaggle上,通过举办竞赛的方式让网上的数据科学家参与解决。数据分析师们或独立、或组队参加比赛,利用自己的专业知识和数据分析工具得到优化模型。最后,这些结果经过原定指标的检验,被公布到排行榜上,结果最优者将获得竞赛的奖金(几百美元到几百万美元不等)。而公司也能最终拥有数据分析的结果、模型等知识产权

在中国,众包模式也在近几年经历了从萌芽到蓬勃发展的过程。尤其近来有研究指出众包在印度和澳大利亚等地区正在经历爆炸式的增长[3]。中国的业界称众包为威客模式,由2005年中国科学院研究生刘锋在一篇论文中首次提出。威客模式是指人的知识、智慧、经验和技能通过互联网转换成实际收益的互联网模式,主要用于解决科学、技术、工作、生活和学习等领域的问题。其体现的是互联网按劳取酬和以人为中心的新理念[4]。Alexa Internet是亚马逊的一家子公司,他们根据网站流量和网站使用情况对中国的众包平台做了排名[5],在中国,主要的互联网众包平台包括猪八戒网、一品威客、时间财富网等。

国内众包平台的不同点在于所涵盖的行业及任务类型的差异。通过比较国外主要的众包平台,可以发现几点主要的差异。首先,国内的众包平台在分类上类似,都按任务的类型进行划分,如表1-2所示。其次,国内少有专门针对某一垂直领域的创新平台,这点与国外不同,例如Topcoder专注于软件产品的定制,InnoCentive专注于研发类和创新类任务。

表 1-2　国内典型众包平台交易任务类型

众包平台	Logo/图形设计	软件/网站开发	市场营销/策划	语言服务/翻译	视频产品	研发
猪八戒网	√	√	√	√	√	·
一品威客	√	√	√	√	√	·
时间财富	√	√	√	√	√	·

注：√表示市场中提供的服务和任务类型；·表示市场中不提供的服务和任务类型；数据由作者收集于 2019 年 12 月。

由此，本研究的众包平台被定义为一个第三方平台，是连接买方和平台注册人才即供应方的桥梁[6,7]。通常情况下，买方发布任务，分发奖金；而供应方执行并完成任务，领取报酬。关于众包与外包的区别，张利斌等[8]在文章中给出了详细的总结，见表 1-3。

表 1-3　众包与外包的区别

	众包	外包
实施时间	21 世纪初	20 世纪 80 年代
实施条件	互联网	不限于互联网
实施动机	解决难题，寻求创意	降低成本
实施绩效	挖掘创意	提高效率
实施风险	实施风险小	实施风险大
文化基础	参与式文化	合作式文化
体现关系	合作关系	雇佣关系
发包对象选择	草根阶层	专业人士和机构
发包对象数量	无限	有限
产品生产者	消费者、潜在用户	生产商
付费情况	对结果满意时才付费	关系一旦确定，要不断付出成本

资料来源：张利斌等，2012；肖岚等，2010。

除了上文提到的已有研究中总结的外包与众包的不同，与传统外包相比，众包平台还表现出了新的特点，如大众接包、网站制度作为正式控制手段和信息透明化等，见表 1-4。网站制度在众包平台中发挥着重要的管理控制作用。

表1-4 众包平台的特点

特点	解释说明
大众接包	由众包的定义可知,众包平台的潜在接包方通常数量较多。在买方发布任务后,众包平台的供应方之间存在竞争关系
网站制度作为正式控制手段	合同治理与关系治理通常被认为是外包关系中有效的外包关系治理手段。在众包平台中,网站制度会协助接包方和发包方管理任务进度,规范市场行为
信息透明化	所有众包平台中供应方的信息在网站制度的监督下都是公开透明的,即发包方在选择供应方时,可以根据网站提供的信息进行比较

2. 网络信任问题

第48次《中国互联网络发展状况统计报告》显示,截至2021年6月,我国网民规模达10.11亿,互联网普及率达71.6%,形成了全球最为庞大的数字社会之一。信息技术的发展使得在线市场的产品和服务交易司空见惯。尽管互联网商品经济发展得如火如荼,在用户规模和交易额快速增长的背后也暗含着一系列问题,其中信任问题是关键。

据中国电子商务投诉与维权公共服务平台的监测数据显示,苏宁易购、拼多多、京东、网易严选、途虎养车、唯品会等15家电商平台,在受理平台通报移交督办的投诉时较为积极,用户满意度较高,购买指数普遍在0.75以上,获"建议下单"评级。而贝贝、享物说、微店、微拍堂没有很好地受理平台移交的用户投诉,平台反馈率、用户满意度相对较低,回复时效性差,购买指数在0.4~0.75间,获"谨慎下单"评级。而转转、好乐买、得物、拼趣多等电商平台因综合购买指数低于0.4而获"不建议下单"评级,须引起重视。此外,优购网、楚楚推、E宠商城、美丽说等平台虽未上榜,但也接到不少来自用户的投诉。入驻商家多、经营者素质不一、平台监管不严是导致收到大量投诉的重要原因。网站本身存在的质量问题,也是消费者投诉的原因之一。可见,网站制度在电子商务领域十分重要。图1-1为2019年(上)全国零售电商Top30消费评级榜。

众包平台作为一种服务产品的交易平台,电子商务环境面临的信任问题在这里同样存在。交易双方的信任问题以及交易双方与平台之间的信任问题是互联网众包发展的瓶颈。

首先,不同于电子商务平台,互联网众包服务平台交易的是服务,其主要特征

2019年（上）全国零售电商TOP30消费评级榜													
平台	平台反馈率	回复时效性	用户满意度	综合指数	评级	排名	平台	平台反馈率	回复时效性	用户满意度	综合指数	评级	排名
有赞	100.00%	0.983	7.333	0.948	建议下单	1	贝贝 beibei.com	70.59%	0.541	2.000	0.575	谨慎下单	16
[illegible]	100.00%	1.000	7.000	0.947	建议下单	2	享物说	64.52%	0.523	2.000	0.539	谨慎下单	17
云集	100.00%	1.000	6.000	0.930	建议下单	3	微店	62.50%	0.069	7.733	0.493	谨慎下单	18
苏宁易购 suning.com	100.00%	0.990	4.848	0.906	建议下单	4	微拍堂	46.88%	0.450	2.000	0.429	谨慎下单	19
拼多多	99.12%	0.975	4.477	0.892	建议下单	5	转转	38.18%	0.382	2.000	0.365	不建议下单	20
京东	98.70%	0.987	4.410	0.891	建议下单	6	好乐买	13.33%	0.133	2.000	0.167	不建议下单	21
百联 BL.COM	100.00%	1.000	3.600	0.888	建议下单	7	[illegible]	0.00%	0.000	0.000	0.000	不建议下单	22
[illegible]	94.59%	0.919	6.000	0.879	建议下单	8	[illegible]	0.00%	0.000	0.000	0.000	不建议下单	23
每日优鲜	92.45%	0.864	7.714	0.879	建议下单	9	拼趣多	0.00%	0.000	0.000	0.000	不建议下单	24
当当 dangdang.com	100.00%	0.916	4.167	0.871	建议下单	10	G	0.00%	0.000	0.000	0.000	不建议下单	25
绿森	97.89%	0.876	5.143	0.866	建议下单	11	[illegible]	0.00%	0.000	0.000	0.000	不建议下单	25
网易严选	100.00%	0.898	3.750	0.859	建议下单	12	ZAZHI.COM	0.00%	0.000	0.000	0.000	不建议下单	25
蘑菇街	100.00%	0.975	2.000	0.853	建议下单	13	猎趣	0.00%	0.000	0.000	0.000	不建议下单	25
途虎养车 TUHU.cn	98.31%	0.631	8.429	0.849	建议下单	14	VMALL.COM	0.00%	0.000	0.000	0.000	不建议下单	25
唯品会	86.62%	0.704	6.000	0.774	建议下单	15	淘	0.00%	0.000	0.000	0.000	不建议下单	25

电商消费纠纷调解平台

图 1-1　2019 年(上)全国零售电商 Top30 消费评级榜

数据来源：www.100ec.cn。

是海量的任务信息和供应方信息。网络环境使得买方和供应方对彼此的身份都不得而知，这样在短时间内很难建立起基于信任的合作关系。同时，基于人工搜索的方式很难迅速实现任务和供应方的快速匹配，导致人才资源闲置和浪费，交易效率较低。其次，信息不对称导致的在线欺诈问题降低了交易双方之间的信任感。对任务发布方(买方)来说，能否在网站上顺利找到合适的供应方，确保发布的任务能够得以解决，成为困扰其使用服务平台的关键因素。如果碰到供应方有投机行为，买方将白白浪费时间成本，承受利益损失。对于供应方来说，他们会担心付出了大量的时间和精力来为买方提供解决方案最终却得不到认可，甚至会因为保障的缺失而得不到任何回报。例如，买方看中某威客的作品却不愿提供报酬，冒充其他威客来与之竞争等。这些信任的问题直接制约了买方和供应方参与服务平台交易的积极性和意愿，进而导致互联网众包服务平台的发展停滞或人才流失。可见，在当代，网络环境中的信任问题更值得探索。

1.1.2 理论背景

在传统外包的商业模式中,交易双方之间的信任和关系治理问题早已受到国内外学者的广泛关注。目前学术界很难对"信任"有一致的定义。但总体来讲,经济行为是镶嵌在社会关系网络中的,人际信任的产生有助于促成交易行为并使其得以维持,这点已形成共识。随着信息技术的发展以及各种网络环境应用的出现,对信任在网络环境中的应用的研究已经较为深入。本书把已有的相关理论应用于互联网众包平台环境中,并基于交易环节构建了过程模型,以此揭示互联网众包平台中交易双方信任关系的本质特征。在基于对众包平台信任的认识基础上,讨论供应方和买方的合作等问题。

对于外包的治理,以往的研究多关注正式控制和关系治理的手段。虽然,这两方面已经被以前的研究证明可以有效地增进外包合作关系。但是,如何在众包平台环境中发挥这两者的作用却是值得探讨的问题。众包本身就是一个相对较新的研究领域,对众包平台信任和治理机制的研究将有助于丰富众包理论。张利斌等学者[8]的研究指出,关于众包的研究都采取客位视角,即直接将西方的众包模式直接应用在中国情境的实践下。李龙一与王琼[10]在研究中也指出未来关于众包模式的研究可以引入信任的因素。因此,我们有必要对中国的众包问题做深入的本土化思考和探索,从而丰富众包在中国发展的实证研究与理论指导。

美国 Henry Chesbrough 教授在 2003 年指出,企业应该学会利用外部的知识和创新资源,实施开放式创新,也就是将外部的想法、知识和内部的研发联系在一起,结合内外部创意,促进新技术的发展,创造出更多的价值。企业采用创新外包或研发外包等新的商业模式,整合外部创新资源、降低研发成本、提高研发速度,以最小的成本和最短的时间实现创新价值,进而可以成功获得最大化的收益。自从开放式创新的理论被提出以后,国内外对外包的模式、激励与演化机理都进行了一系列的研究。由此看来,以往的研究成果为开展众包平台情境下的研究和探索提供了较为坚实的理论基础。

1.2 研究问题

基于上文对现实和理论背景的分析,在借鉴前人研究成果的基础上,本书的主要研究内容有以下几个方面。

(1) 众包平台模式下的信任与传统外包模式下的信任有何不一样的特点?具体表现是什么?

与传统外包相比,众包平台上的买方和供应方的行为表现出了新的特点。同样的,买方和供应方的信任模式也将受到众包平台的影响。本书从理论研究的角度,对众包平台买方-供应方的交易过程进行分析,进而对信任模式进行探讨。

(2) 影响众包平台买方选择供应方的因素有哪些?信任起到什么样的作用?影响众包平台买方-供应方外包合作关系的因素有哪些?买方对平台的信任和买方对供应方的信任如何影响合作关系?

基于买方-供应方的交易过程模型,本书重点研究了信任在众包平台上对买方行为的影响。在众包平台上,买方发布好任务之后,面临的首要问题是如何选择合适的供应方进行合作,其次就是能否与供应方维持合作关系。信任在这过程中究竟起到怎样的作用?本书将对上述研究问题采取实证研究的方法加以探讨。

(3) 从信任的理论角度出发,中国的研发众包平台构建需要具备哪些关键的网站制度?

通过对众包平台的现实观测可知,中国的研发众包平台尚未发展成熟,本书通过案例研究的方法,选取 cs.com 作为研发众包平台的试验对象,从信任理论的角度出发,为研发众包平台的构建提出了理论建议。虽然平台的成功运营要考虑成本、人员配置、市场推广等多种主客观因素,但是本书的研究将对研发众包平台在中国的发展提供理论基础和实践指导意义。

1.3 研究方法

本书以信任理论、正式控制及关系治理理论为基础,结合电子商务环境下的交易理论,对互联网众包平台中的买方-供应方关系进行研究。本书采用理论分析构建与实证研究相结合、定性研究与定量研究相结合的研究策略。对于数据,本书主要使用了 SPSS17.0 和 Smart-PLS 2.0 等工具进行整理和分析。本书的主要研究方法概括如下。

(1) 文献分析法和理论研究法

文献分析法是一种比较经典的研究方法,具体指通过搜集整理文献资料,形成对所研究问题的现状的认识。文献分析法是一种能够经济有效地获得对事物系统性认识的方法。理论是人们由实践概括出来的关于自然界和社会的知识的有系统的结论。好的科学研究是以好的假设为起点的,好的假设应该有坚实的理论基础。本书的研究涉及多个研究领域,通过对相关文献进行的大量阅读、分析和比较,同时通过对众包平台的深入了解,进而对本研究的框架进行了清晰的界定,已做到从现实中选取合理视角,从理论中寻求精准指导,以期使研究成果同时具有理论价值和现实意义。信任的理论在社会学、营销学、心理学都有广泛的应用,在众包平台的研究中要准确把握信任的内涵。过程模型在国外信息系统领域已经有了广泛的应用,而国内对过程模型的应用虽有涉及但不深入,将其应用在众包交易过程中可以理解买方和供应方的行为特征。

(2) 问卷调查法

问卷调查法作为一种数据收集方法已经被广泛使用,尤其是在实证研究中。构建合适的问卷对于研究至关重要,在设计量表的过程中,我们参考了大量的国内外文献,同时,对调查内容进行了可操作量化,进行了信度效度检验,设计了可靠的调查问卷。在进行问卷设计的时候,要重视构成型指标与反映型指标的特点以采用不同的数据分析方式。为了获取可靠的数据,我们选取了国内一家知名的众包平台,同时采用网络数据采集的方式获取了一手资料和问卷数据,为数据分析提供了基础。我们用 Smart PLS 2.0 进行了模型构建和估计。Smart PLS 2.0 可以灵活地处理构成型指标和反映型指标,所以对潜在变量的测量模型和结构模型的估计比较准确。

(3) 案例研究法

案例研究法的意义并不局限于描述客观事实,而在于解释、预测和控制客观事物的发展变化。作为一种实证研究方法,案例分析尤其适用于"为什么"和"怎么样"类型的研究问题。基于信任理论并且结合实证分析得出的相关结论,本书从真实众包平台的基本情况出发,采用探索性案例研究的方法对研发众包平台的构建提出建议。探索性案例研究可以为后续的设计科学和验证做进一步的铺垫。Wenshin 和 Rudy Hirschheim[11]统计了 IS 领域的 MISQ、ISR、JMIS 等 8 个顶级刊物在 1991 年至 2001 年这 10 年间的论文的研究方法,结果表明,问卷调查法占 41%,案例研究法占 36%。

(4) 网络数据采集法

网络数据采集法是指有目的、有针对性地抓取互联网上的信息的方法。本书需要对众包平台上注册的买方即发包方进行问卷调研,需要填写人员的基本信息,因此,网络数据的采集成为本书研究的必要方法之一。

(5) 深度访谈法

访谈法是一种调查研究收集数据的方法,尤其在探索性案例分析中尤为适用。访谈的优点主要是可以获得问卷难以得到的深度资料。相对而言,访谈法灵活性较强。由于研究者可以在进行深度访谈时把研究目的、要求和问题解释得清楚明了,当场可以提出附加的问题,答案也就更加灵活且精确。需要注意的是,准备书面的访谈提纲是进行深度访谈的一个必备的手段,包括问题、提问次序以及可能提出的附加或试探性问题。

第 2 章　理论基础与文献综述

2.1　众包的研究综述

2.1.1　众包的定义

回顾众包迅速的发展历程,众包的不同模式呈现出不同的特点。尽管学术界对众包的定义没有概论,但国内外学者已以不同个案开展大量的研究并形成了独具特色的研究课题。关于众包的定义最初是由 Jeff Howe 2006 年在 *Wired* 杂志上提出来的。近年来,学术界和实业界都给予了众包很大的关注。表 2-1 提供了前人关于众包的定义。虽然学者们对于众包及众包的核心元素有一个明显的共识,但是每个定义都不是详尽的、完整的。值得注意的是,Saxton 等[12]在文章中明确指出了众包具有的 3 个鲜明的特征,即外包(outsourcing)、大众(crowd)和网络媒介(social web),如图 2-1 所示。首先,从本质上来讲,众包具备了一个外包业务的基本要素和流程,即把过去组织内部提供的产品和服务交由外部人员来完成。其次,众包最主要的特点就是接包方规模化变成一个不受限制的、非职业化的、异质的网络群体。这个网络群体以不同的形式存在,并且以不同的形式承接任务,但是却承担着过去由专业人员完成的工作。最后,众包通常以网络媒介为第三方中介或桥梁,信息技术推动着外包的发展。这 3 个特征比较全面准确地概括了众包的特点。

表 2-1 众包的定义归纳

作者	时间	定义简介
Howe[1]	2006 年	将传统的由指定的代理(通常是员工)完成的任务通过公开选拔的方式外包给一个不确定的通常很大的群体
Brabham[13]	2008 年	众包是一个有效的、复杂的问题解决模式,而不仅仅是一种举行竞赛和发奖的新形式
Doan et al.[6]	2011 年	众包系统招募用户群体并且通过明确的协作建立一个长期存在的对社会有益的社区
Saxton et al.[12]	2013 年	众包是一种外包模式,在这个模式里组织使用先进互联网技术来让网络虚拟团队执行具体的组织任务

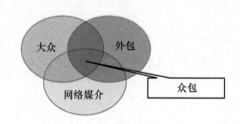

图 2-1 众包平台三要素

资料来源:Saxton 等,2012。

2.1.2 互联网众包的模式特征和国内外研究现状

目前,已有的研究从众包的不同应用出发,运用经济学或者行为学的方法,探讨众包中蕴含着的形式各异的科学研究问题。莫赞等的研究通过对 2006 年 1 月到 2012 年 12 月的信息系统领域主要期刊和会议发表论文进行有关"众包"的检索,发现这一主题的文章多达 100 篇[14]。然而少有研究在此基础上,对众包网络平台的模式特征进行归类说明。在对众包平台的分类过程中,我们借鉴了 Saxton 等人 2013 年的分类标准并加以补充,在合并了类似功能和模式的同时加入了新的分类,如表 2-2 所示,主要有众包中介市场模式、用户设计商品模式、平民化多媒体制作模式、消费者评价模式、群体合作开发模式、知识库共建模式、众筹融资模式。

表 2-2 众包模式分类

众包模式类型	主要功能说明
众包中介市场模式	平台为第三方平台,作为连接发包方和平台注册人才的桥梁。通常情况下,发包方发布任务,分发奖金,而人才完成任务,领取报酬。招标和悬赏是最常见的任务完成形式
用户设计商品模式	由用户在线完成产品设计,在线提交,同时由平台注册用户集体打分评价,以评出优秀作品被公司采纳
平民化多媒体制作模式	由平台用户合作创作作品,同时分配知识产品和收益问题,主要应用于可视化媒体如电视、电影、视频、音乐、杂志等
消费者评价模式	消费者分享产品购买经验和体验,同时可以发表评论和建议
群体合作开发模式	由平台劳力集成群体智慧来完成科研项目、创业计划、软件开发等任务,从而实现共同盈利的目的
知识库共建模式	众人参与可协作的知识平台建设,无论是创建词条、编辑现有词条,还是回答现有问题,最终达到贡献知识库的目的
众筹融资模式	众筹融资,翻译自英文 crowdfunding 一词,即大众筹资,是指募资人通过平台(一般通过互联网)集合众多个人投资者的小额投资,以支持其创业经营或其他社会事业的新型融资模式。从参与主体角度看,募资人一般多为小型企业、初创企业或者艺术、科技等领域创意项目的所有人。从具体用途看,众筹融资可以用于支持各项事业,如疾病救济、竞选活动、艺术演出、初创企业融资、科学研究等

从背景介绍中我们知道,目前众包正以各种形式被应用在各种情景中以满足不同需求,例如从简单的写信、画图到复杂的研发创新。近几年,众包成为学术界和实业界的研究热点,包括:(1)关于介绍众包变量的概念性研究;(2)众包的分类学研究;(3)众包平台(如亚马逊的 Mechanical Turk)的案例研究等。关于众包的研究逐渐在信息系统领域发展起来,并且在未来将会有更多的研究。表 2-3 给出了目前国内外关于众包的研究概况的总结。

表 2-3 关于国内外众包的研究总结

研究类型	作者(年份)	总结
概念性研究	Doan 等[6](2011)	介绍了基于网络的众包变量和样本;讨论了众包系统的关键挑战和解决途径
	Rouse[15](2010)	介绍了众包的分类学,侧重于介绍众包供应方不同的能力水平、不同的动机和利益的不同分配
	Geiger 等[16](2011)	提出了众包过程的分类框架,并从组织角度提出了一种分类,提出了组织可用的机制
	Erickson 等[17](2012)	基于采访和案例研究提出了将组织需求与接包方关键特征匹配的框架
	Saxton 等[12](2013)	通过分析 103 个知名的众包网站,开发了众包的分类理论,提出了管理控制系统的概念
	莫赞,罗楚,刘希良,黄聪[18](2014)	从信息系统的视角提出一个众包研究的框架、定义,并按照传统的输入—处理—输出模型提出了一个指导众包研究的概念模型
众包创新与竞赛的研究	Archak, Sandararajan[19](2009)	验证了众包作为竞赛的博弈理论模型,尤其强调了众包的结果渐进行为,发现了用户的刺激和动机因素,从而支持了激励过程和对创意竞赛的参与
	叶伟巍,朱凌[20](2012)	采用案例分析的方法,从创新目标、过程和动机的角度分析了众包创新模式的主要特征,并且从技术解决方案和配套管理机制方面探索了我国企业构建众包创新体系的实现路径
	郝琳娜,侯文华,刘猛[21](2014)	侧重讨论了众包创新的问题,探讨了众包创新适合何种类型的任务,从行为学、心理学及国家政策制定等方面对众包创新的研究提出了 5 个问题并给出了建议
	郝琳娜,侯文华,刘猛[22](2014)	通过研究众包竞赛模式下企业间完全竞争和合作时的决策问题的博弈模型,得出结论:仅依靠内部资源的研发创新收益,企业通过设置合理奖金并结合内部创新和众包竞赛是占优策略;企业受益、研发创新水平及社会福利均与众包竞赛的贡献度有关

续表

研究类型	作者(年份)	总结
众包平台具体的研究问题	Kaufmann 等[23](2011)	研究了大众参与众包的动机,发现了外在动机的分类(即时支付、延迟支付、社会动机)对于花在 Amazon Mechanical Turk 上的时间具有显著的正向影响
	Sun 等[7](2012)	基于期望理论,在众包平台的环境中通过实证研究探讨了大众完成任务的努力程度的影响因素
	Stazger 等[24](2013)	鼓励发包方在众包平台上发布任务时不要在一开始限定价格,而是给以一个愿意支付的最高价格,因为实际报酬是由供需决定并自然形成的
	Majchrzak, Malhotra[25](2013)	提供了众包创新的框架,呼吁从信息系统的视角来优化开放式创新,信息系统在这期间发挥推动和引领作用
	Zogaj 等[26](2014)	通过德国的一家新企业 testCloud 的案例研究了众包中介管理众包过程和相关的挑战的问题
	Afuah, Tucci[27](2012)	研究了众包将外部搜索转变为内部搜索的情境,如:问题的特点、解决问题需要的知识、大众特点和所发布问题如何被评估
	郝琳娜,侯文华,张李浩,刘猛[22](2014)	成员间的相互信任是众包社区发展的重要保证。通过对博弈模型的分析表明:当解答者即参与大众的能力水平确定时,解答者在信誉保障机制下的收益小于诚信评价机制下的收益
	郑海超,侯文华[28](2011)	通过实证问卷和博弈模型的方式研究了创新模式中解答者对任务发布方的信任问题,结果表明:网站本身的信任和解答者满意度对信任有显著影响
	仲秋燕,王彦杰,裘江南[29](2011)	把众包社区的参与行为分为初始采纳和持续参与,构建模型对第二个阶段进行研究,认为持续使用意向主要受众包平台用户满意度以及沉浸等因素的影响
	余世英,明均仁,熊璐[30](2013)	讨论了众包平台的核心运营机制,并讨论了网络运营机制中的定价、信用、盈利和信息服务机制问题
文献回顾性质的研究	Zhao, Zhu[31](2012)	对以往的众包研究文献进行了细致的回顾和分类;从3个方面(参与者、组织和系统)指出了众包领域未来重要的研究方向
	张利斌,钟复平,涂慧[8](2012)	回顾了众包与外包的关系、众包兴起的原因、众包对发包企业的意义等问题,并指出了未来的研究方向,如理论统一认识方面和众包的负面效应等
	谭婷婷,蔡淑琴,胡慕海[32](2011)	从众包的概念、基础要素和应用3个方面回顾了国外众包领域的研究和应用现状

对于众包的研究不仅局限于本文总结的这些类别,还有众包在新闻[33]、图书馆[34,35]和竞争情报[36,37]等方面的应用,因距离本书研究的主题较远,故尚且未做归纳。如上文提到,本书关注的是众包平台这一类别。以往的研究虽然侧重了众包的不同方面,但是也具有一定的局限性。首先,对众包平台模式与传统外包模式的区别并没有统一的认识。其次,不少研究指出了众包平台上信任机制的重要性,但是少有研究涉及信任分析和影响,并且少有研究从实证的角度加以验证。

至此,本书重新给众包平台中的3个不同的角色加以定义以确定本书的研究对象。众包平台是一个可信任的在线平台或代理,通过网站制度等一系列保障接包方即大众能够满足发包方发布的任务需求,并顺利完成任务,同时保证在接包方提交成果后,发包方按照承诺支付报酬。买方,即任务发布方,通过提交任务需求和明确接收标准发起众包过程;而供应方,即接包方,是众包平台中的注册会员,承担并执行任务,并从他们的客户那里获得相应的报酬。

2.2 关于信任的相关研究

2.2.1 关于信任的定义和维度

信任在人类社会及商业活动中至关重要。在网络众包平台环境下,人们面临的是网络另一端的陌生人,并且所交易的产品看不见、摸不着,于是,信任会起到更加重要的作用。

信任的研究已经在社会学、心理学、经济学等诸多领域展开。最早的关于信任的论述从19世纪中叶开始,例如:1953年Hovland等[38]指出信任由专业技能和可信任性构成;1962年Deushct等[39]从囚徒困境的博弈出发,认为信任是信任方对受信方采取合意行动可能性的信念和预期。具体来讲,人对某件事的发生具有信任是指不仅会预期这件事会发生,并且会依据这一预期做出行动。Rotter[40]把信任定义为个体或者组织持有的期望,期望对方会遵从双方的约定。直至20世纪90年代,学术界对信任的理解趋于成熟。1990年,Anderson和Narus[41]从工作过程的角度定义信任,指出信任是一个主体自身对另一个主体的行为会导致自身正面利益的信心,而不会使特定行动对自己产生负面的影响。一个主体在产生对另外主体的信心的同时,将自己置身于一个可能面临损失的境地。信任可以被定义为一种基于对他人意图与行为的正面预期,而产生的一种愿意接受伤害的心理状态。决定一方对另一方的信任的两个重要因素是:(1)其与另一方打交道时感觉到的风险和脆弱;(2)对另一方按照其利益行动的期望。

国内的学者也开展了一系列对信任的研究。从生物学、综合经济学和博弈论的角度,郑也夫教授[42]讨论了信任与合作、理性和习俗的关系。同时,还探讨了信任的社会功能、主流与非主流形态等。张维迎教授等[43]从信息经济学的角度剖析了企业信誉、产权制度和政府管制之间的关系。彭泗清[44]教授分析了信任危机的表现和根源、信任的产生和维持等。

在信息系统领域的有关信任的文献中,Mayer 等人[45]提出:信任是信任主体对信任客体的一种意愿,这种意愿是信任客体能够按信任主体的期望执行重要活动。这也是信任被最频繁引用的定义。从网络信任的角度,Corrioter 等[46]在传统的信任研究成果基础上,将网络信任界定为个体消费者与特定交易网站或提供信息的网站之间的一种关系。在对信任的研究中,通常买方被认为是把自己置于一个容易受到伤害的情形之中的一方,而卖方——信任客体,是信任附着方,有机会利用信任主体的弱点。例如,Sabel[47]指出信任就是合作各方确信没有一方会利用另一方的弱点去获取利益。

在以往的研究中对信任的测量主要采用了两种方法。一种是把信任看作一个整体变量,研究信任主体的信任倾向和信任客体的可被信任度。在这种情况下,信任被看作是一种情感倾向,强调信任主体对信任客体的信心,信任客体具备被信任主体信任的特征。所以,可被信任度是一个综合指标,如表 2-4 所示。另一种是把信任看作一个多维度变量,从不同维度如能力和正直等方面进行测量。表 2-5 对以往研究中信任的不同维度进行了整理。

表 2-4　以往将信任作为整体构念测量指标的归纳

Anderson, Narus[41]	
Moorman 等[48]	可被信任度(belief in trustworthiness)
Ramaswami 等[49]	
Kollock[50]	

Gefen[51]	可被信赖(trustworthy)
Gefen 等[52]	
Pavlou[53]	
McAllister[54]	

表 2-5　以往研究中的信任的不同维度

Blau[55]	正直(integrity)、善意(benevolonce)、能力(ability)
Rotter[40]	可预测性
Luhmann[56]	正直(integrity)、善意
Zucker[57]	共同的社会预期
Dwyer 等[58]	能力、意愿
Crosby 等[59]	能力、善意
Buttler[60]	易用性、能力(competence)、公平性、忠诚度、兑现承诺、开放性、谨慎性
Kumar 等[61]	正直(honesty)、善意
Mcknight 等[62]	能力、善意、正直和可预测性
Jarvenpaa, Tractinsky[63]	可被依赖度、正直、善意
Gefen 等[64]	能力、善意、正直
Vance 等[65]	能力、善意、正直
Crosby 等[59]	正直、善意
Jarvenpaa 等[66]	能力、善意、正直
Hart, Saunders[67]	可预测性、能力、开放性、关心、善意

由表 2-5 可知，在不同的研究中，信任的维度涵盖了不同的内容。Gefen[68]在文章中做了解释说明，信任的设定跟研究情境紧密相关。这就要求研究者深入了解信任背后的心理需求。Rousseau[69]等也指出，信任维度与信任主体的关系本质和历史相关，例如，在投机性背叛的情境下，信任只包含了正直和善意 2 个维度。

本书把我们通常意义上讲的这种信任类型定义为基于了解的信任，并且用能力、善意、正直作为其测量维度。基于了解的信任被本书用以区分快速信任。下面的章节将进一步介绍快速信任以及信任的其他类型。

2.2.2 快速信任

区别于基于了解的信任,"快速信任"的概念被用于解释临时的、没有先验基础的信任。它不是逐渐形成的,而是直接形成的。此概念最早由 Meyerson 提出,并广泛应用于虚拟团队(virtual team)中[70]。Jarvenpaa 等进一步发展了快速信任的概念。他们认为虚拟团队中的快速信任通常来源于团队发起人或者协调者,由于他们的声誉较好而且了解群体中的个体,因此成员在决定进入团队时,出于对发起人和协调者可信度的良好评价,就会表现出快速信任的特点。他们同时指出,虚拟团队中的成员主要按照职能分工进行交往,因此快速信任的形成和维持靠的不是人际关系,而主要依赖团队成员的认知和行为[71]。Robert 等人指出了快速信任与基于了解的信任的区别,认为在不同情境下,影响信任的因素是不一样的。Robert 同时指出了快速信任形成的 5 种途径:(1)基于角色的信任;(2)基于规则的信任;(3)基于第三方推荐的信任;(4)基于情感的信任;(5)基于类别的信任[72]。

快速信任这一概念被提出来以后在国外人力资源、虚拟团队的研究中得到了广泛的应用。从表 2-6 的总结中我们可以看到快速信任的基本结论。同时,作者也对快速信任在国内的研究现状做了回顾。通过中国知网和维普期刊网,共查到题名包含"快速信任"的文章 32 篇,其中博士论文 1 篇,硕士论文 4 篇,期刊论文 26 篇,会议论文 1 篇。虽然与杨志蓉博士在 2006 年做的关于快速信任的研究回顾相比略有增加[73],但幅度并不大。可见,近些年快速信任并未得到国内学者的关注。而且以往的研究多把快速信任应用在组织内部成员之间,用来探讨工作关系形成初期的信任关系。我们在众包环境的研究下采纳了这一概念,并且希望日后会有网络环境下更多关于快速信任的应用研究。国内关于快速信任的研究见表 2-6。

表 2-6 关于快速信任已有研究的总结

研究	时间	研究背景	相关介绍
Meyerson 等[70]	1996 年	临时团队	"作为集体认知的独特形式,其能够管理脆弱性、不确定性、风险和期望的问题……""通过距离感、适应性、弹性,以及与角色的互动及参与视作部分自愿(信任)和部分非自愿(信心)的组合,同时保持适度的相互依赖,在这种情况下,快速信任是最有可能的……"

续表

研究	时间	研究背景	相关介绍
Iacono, Weisband[74]	1997年	虚拟团队	"发展和保持快速信任的必要的持续互动需要能够持续地接触到科技……快速信任完全依赖于发起和回应之间快速的和持续的互动……高绩效的团队在保持持久的信任方面比低绩效团队更成功"
Hiltz, Turoff[75]	2002年	在线学习	发展有效的师生互动需要在课程第一到第二周建立快速信任。例如,老师需要明确每个学生需要作出的贡献,帮助他们克服教学或任务的不确定性等。
Adler[76]	2007年	顶点课程基于团队的设计	"基于临时团队设计的基础,多样化的团队成员、有限的合作历史、任务的非例行化、复杂性和互相依赖性导致了快速的信任和不信任……""……组内关系在高信任的情景下应该有更高的质量……"
Robert 等[72]	2009年	面对面和虚拟团队	"团队成员的特征和个人对信任的倾向导致了最初的快速信任的形成。一旦个人积累足够的信息来评估团队成员的可信度,快速信任的效果下降,了解型信任形成,使用团队成员的行为(感知的能力,正直和慈祥)变成了主导……"
Crisp, Jarvenpaa[77]	2013年	全球虚拟团队	快速信任由认知成分和规范行为成分构成,认知成分涉及早期的信任信念,其招致了对团队完成共同目标的胜任力的期望,规范行为成分指通过团队成员之间的互动来加强信任。从早期信任信念到规范行为到后期信任信念再到团队表现,存在因果链。
Li 等[78]	2009年	在线电子商务供应方	消费者对于规定、社会临场感和第三方担保的理解导致其对电商快速产生信任。虽然通过搜索引擎的常规访客有很多种选择并且移动很快,电商可以通过对外观和功能特征的合理使用成功地与用户建立快速信任,并将他们转化成付费用户
肖余春, 李伟阳[79]	2014年	概念研究	详细介绍了快速信任的概念、成因和影响结果
秦开银, 杜荣,李燕[80]	2009年	临时团队	通过实证研究,发现快速信任与临时团队的组建因素相关,知识共享对快速信任有显著的增强作用

续表

研究	时间	研究背景	相关介绍
杨志蓉,谢章澍,宝贡敏[81]	2011年	临时团队	通过实证研究,发现团队快速信任通过争辩行为、帮助行为和自发行为的中介作用对团队创造力产生影响
梅占军,马钦海,沈忻昕[82]	2014年	临时团队	通过对61个团队的实验研究,发现快速信任在团队情绪、智力对团队绩效的影响上起到了中介作用
翁胜斌,钱大可,苏海林[83]	2013年	网络交易	通过实证研究验证了信任传递和信任计算对快速信任的影响

2.2.3 信任转移和基于制度的信任

信任转移理论,也叫信任传递,在电子商务领域得到了广泛的关注。信任转移是指出于对第三方的信任而产生的对与之相关联的实体的信任[84]。信任转移与中国传统古语中的"爱屋及乌"含义类似。世界上并非所有事物都能够建立起直接的联系,更何况是信任关系。对信任转移的形象描述是,甲信任乙,乙信任丙,尽管甲几乎没有对于丙的认知,但信任也可能发生如下转移:甲—乙—丙。信任转移是一个认知过程。对第三方的信任,是企业与其相关交易主体进行有效合作,愿意依赖网络平台并承担与之交易带来的风险的基础。

以往的研究指出信任转移包含不同的模式,即不同的传递渠道。首先,从一个可信实体向另一个实体转移。Stewart[84]研究了网上信任转移,发现消费者对陌生网站的初始信任可以通过其对已知可信网页上的超链接形成。Stewart和Malaga[85]在2009年的研究中发现,若不知名的网站被知名网站环绕,则消费者在访问网站时会受到好的影响。其次,从线下到线上或从线下到线上的转移。Lee[86]等学者研究了从线下到线上的信任转移,发现客户对线下银行的信任会影响其对网上银行的四个认知要素:现金流、结构性保障、网站质量满意度和未来使用意愿。Kuan和Bock[87]对用户在访问网店前的行为做了研究,发现他们对实体店的信任很大程度上可以转移到网店上来。

然而,本书关注的另外一种信任转移模式,即对成熟的网站或社区的信任转移至其内部成员或用户。Ba[88]在文章中提出了基于转移的信任的概念,并且指出了信任转移是指如果用户信任一个网站社区,那么也会信任网站里的成员,这个信任建立的基础是相信如果网站成员有投机或欺诈行为,网站本身首先会对其采取惩罚措施。因此,信任转移是一个有效的建立信任的途径。

信任建立的另外一个途径是基于制度的信任。基于制度的信任是指建立在对特定环境中保障制度、安全措施或其他制度的认知上的信任[57,89]。然而早期的基于制度的信任并没有运用在网络环境中,它是源于基于组织和社会环境的制度的信任。例如,Pearce 和 Branyicki[90]对匈牙利和美国的公司在不同制度下的信任度进行了对比研究。在匈牙利,公司内部改进员工待遇的程序化制度的缺失,再加上匈牙利政府官僚作风严重,使得公司管理者和员工的信任关系遭受了极大的破坏。而美国的情况刚好相反,美国的公司拥有标准化的人力资源规范,如员工评定和奖励,而且受美国联邦政府的保护,所以,自然而然,美国的公司管理者和员工的信任关系要好很多。Hagen 和 Choe[91]认为,在日本,社会制约既是一种有效控制行为的途径又是建立信任的基础。

Zucker[57]较早地讨论了应用在网络环境中的基于制度的信任(institutional trust),在19世纪末至20世纪初的美国历史情境中,Zucker 讨论了两种基于制度信任的维度。首先是第三方认证,即执照、制度或者法律等。其次是资金托管。Zucker 指出,在网络环境下,基于第三方制度的信任对于与之相关的交易主体之间的信任建立来说是一种很重要的模式,尤其是在交易双方没有见过面,来自不同社会,拥有不同文化背景的情况下。

以往研究中常见的基于制度的信任的两个要素是情境正常性(situational normality)和结构性保障(structural assurance)[64,92]。情境正常性是指对交易能否成功的评估建立在所处环境是否正常或者常规判断的基础上。这使得人们确信事情会按部就班地按常理进展。如果所处环境异常,人们会立即产生怀疑,信任度会大减。在互联网情境下,若网站呈现的内容与一般网站类似并且能够符合用户预期,就能满足情境正常性要求。结构性保障是指对成功交易的评估建立在安全机制如法律保护、担保等制度的基础上。结构性保障可以促进信任的原因有三点:首先,保障制度让买家相信卖家的行为有一定依赖性;其次,第三方的制度从某种意义上讲是卖家行为的体现;最后,结构性保障可以带来认知一致性的效果,即网站拥有法律和规则上的对买家的保护,产生的基于制度的信任会影响到某一个特定的人际信任[93]。

2.3 正式控制

控制理论和治理理论在外包环境中得到了广泛的重视和应用。同时,外包服务接收方和提供方的关系管理的重要性已经在信息系统领域得到重视。因为控制手段的应用会影响外包关系的质量。Kirsch[94]指出控制理论用于解释组织中个人或者团体如何确保其他个人或者团体也为实现共同的组织目标而努力。Jaworshi[95]也给出了类似的定义:控制试图影响个人或者团队的行为以确保他们的工作是朝向共同的组织目标的。Flaholtz[96]在早期提出了在组织环境中的控制系统理论,当时已经提出了很多后来被长期作为控制核心思想的理念,他认为控制包含三个层次:组织文化、组织结构、核心控制。其中的核心控制体系理论被看作一个有机的整体,强调了标准设定、监控、评估和纠正性反馈的演变过程,如图 2-2 所示。通过这一过程,行为和结果有效地达成一致。

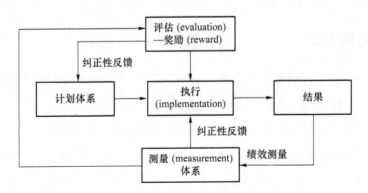

图 2-2 核心控制体系理论

资料来源:Flamholtz,1983。

核心控制体系理论具有两点重要的含义:首先,控制的目的是影响行为,而不仅仅是评估结果;其次,控制的手段不仅可以是结果导向的,还可以是行为导向的或文化导向的。本书谈的众包环境中没有强调文化的层面,所以这里不再深入讨论。

治理理论跟控制理论在信息系统领域常被结合起来使用。但是,关于这方面的研究受到了一定的制约,其中一个重要的原因是理论上没有形成一致的构念[62]。从广义的角度讲，Webb 等[97]对治理的定义是信息技术与商业行为的战略整合，在有效的 IT 控制、结果控制和风险控制等手段的基础上实现商业活动价值。学者们在研究中采取了不同的名词，如外包关系管理中的硬手段和软手段、正式合同和关系准则、正式控制和非正式控制、正式合同与非正式契约等。例如，Goes 和 Chin[98]在研究中得出 23 个表示关系治理和合同理论的构念。Choudhury 和 Sabherwal[99]把外包关系中的控制手段分为正式控制和非正式控制。影响正式控制的机制有两种：规范（specifying）和评估（evaluating）机制。在外包情境下，除了要有正式合同事先说明成功交易的结果，还要有监督和评估行为来保证按时完成。

本书采用了正式控制和关系治理的名称。首先，因为这两个概念强调了治理的作用，易于区分；其次，这两个名称都指代实际的治理手段，具有明确的可对比性。本节对这两种治理手段进行详细的介绍。对于正式控制，在众包平台中，我们认为控制既来自买卖双方就特定任务签订的合同，又来自众包平台对买卖双方进入市场后的约束，即网站制度。

2.3.1 合同治理

Ferguson 把合同治理定义为正式合同在已经建立的服务交易中被执行的程度[100]。Kern 和 Willcocks[101]指出，在 IS 外包中，合同毋庸置疑是外包成功的必要因素。详细的合同是规定合作者行为并可以预测合作者行为的一种机制。交易成本和合同理论已经从经济学的角度阐释了市场机制中合同的不可替代性[102]。交易成本理论认为，交易双方需要以最小的成本来获得适合交易条件的治理安排。而实际上由于信息不对称（information asymmetry）和不确定性（uncertainty）的存在，交易双方可能会面临不同的风险，这就需要设计有效的正式合同，通过合同治理方式来避免与交易相关的风险和由此带来的损失。交易的风险从交易成本理论的角度来看有常见的三种类型：资产专用型风险、评估绩效的风险和不确定性风险。资产专用型风险是指在交易双方的交易牵涉较强的物资资本或人力资本关系专用性投资的情况下，由于双方彼此不了解而引发的交易风险。评估绩效的风险是指由于信息不对称而对对方的表现不得而知，从而无法合理评估服务提供方绩效的风险。不确定性风险是指在未来的交易中存在很多可预期以及不可预期的未知事故,包括以下几种:没有设置有关持续改善合同条款的机制;文化与目标差异导致的相融性;合同缺乏柔性;承包商的机会主义行为;忽视外包关系管理所导致的服务水平下降;指派不合适的人员管理外包合同;员工士气和信心下降;企业失去对相关职能的控制;外包引起的信息安全性和潜在竞争。

以往的研究还探讨了合同的结构。例如,Gopal 等[103]研究了合同中应包含的激励机制的内容,Anderson 和 Deckker[104]研究了合同中应包含的管理控制的内容。对合同结构研究得较为系统的是 Chen 和 Bharadwaj[105]在 2009 年的研究。他们收集了证券和交易委员会从 1993 年到 2003 年的 112 份合同样本,通过深度的内容分析(content analysis),将作为合同结构核心内容的 4 个维度提炼出来,分别是监督、知识产权保护、冲突解决和权变,如表 2-7 所示。

表 2-7 Chen 和 Bharadwaj 归纳的合同结构必要构成部分

分类	主要条款	举例说明
监督	定期的进度报告和回顾	可以利用必要手段和监督措施来监管,监督手段能够报告具体到服务层级的不同细节
	审核供应方绩效	需要提供相应的手段让发包方有效地对绩效进行定期的审核
	服务质量标杆管理	报价和服务规范与业内保持一致
	科技更新、软件通用性和定期培训	技术转移过程中的技术需要与项目实施过程所对应的软硬件及服务需求
	资产转移计划	资产的转移需要透明、有序,并且不间断,需要多关键时间节点进行报告
	人员配置	与外包项目有关的人员具有知情权
	事故援助计划	在合理投资范围内设立预警机制,同时如果有事故发生,要有责任细分
知识产权保护	对合作方的技术具有使用权	需要合作方授权使用相关软件以便提供更好的服务,但需要遵守使用规则,如不随意向外部泄露内部信息
	明确规定新开发产品的归属和衍生资产	任何在合同规定范围内开发的新产品都需要取得明确的使用许可权
	保密性和非竞争性条款	一般情况下,合同签订双方都要确保对方信息不被泄露、公开或传播出去

续表

分类	主要条款	举例说明
冲突解决	冲突解决机制	由双方对合约条文意见不同或者双方表现引起的冲突,应该依据冲突解决机制制定的方法加以解决
	仲裁条款	如果合同双方代表不能解决冲突,应该向第三方机构如行业协会等寻求仲裁
	诉讼条款	如果合同双方不愿协商解决或者调解不成,可以向当地人民法院提起公诉
权变	酌情终止	购买方有权自行终止合同或部分合同,但购买方需要向供应方支付事先约定好的偿付款,该偿付款通常不高于合同价格
	有权对合同内容调整	只有在董事会批准的情况下才能对合同条款做出修改的申请
	特殊情境	如果购买方做出了任何变更必须及时通知供应方。供应方应该在所有工作中予以更正,并在收到通知后的30天内向购买方确认

类似地,基于扎根理论和实证研究的方法,Goo 等也对外包合同结构进行了研究。他们提出并验证了 11 个合同治理的组成要素。在后来的研究中,被称为服务级别协议(SLA)[106]。在他们的研究中,Goo[106]等把这 11 个研究所形成的 3 组特点总结为:基础特征(foundation characteristics),权变特征(change characteristics)和治理特征(governance characteristics),以这 3 组特征为基础来讨论关系治理与相关变量的关系。基础特征是指合同双方需要明确关键准则和意见、关键过程拥有权、服务绩效评估的目标级别等。权变特征是指合同要明确应对不可预期变化的条款,引进创新计划或者反馈和调整计划等。治理特征是指合同中要明确绩效测量、惩罚和激励措施、权利和义务以及解决潜在冲突的程序等。表 2-8 为服务层级协议的关键内容。

表 2-8 服务层级协议关键内容

特征	SLA 合同治理	关键要点
基础特征 • 在一个团体内公开共同的价值观、信仰和人生哲学（Kirsch[107] 1997） • 导致他们分享同一种意识形态，内化同样的价值观，并忠诚于整个团体（Choudhury 和 Sabherwal[99] 2003） • 提供办法让合作伙伴间形成一种相互忠诚进而促使产生满意的行动计划（Williamson[102,108] 1985，1991）	服务级别目标	契约精神和对共同价值观的宣扬来确保合同双方的绩效
	过程所有权计划	IS 系统被外包后有几家公司参与项目
	服务级别内容	工作中义务的说明，服务级别要求和所有外包服务协议的报价等
权变特征 • 具体的规则和程序，如果遵守将会取得双方满意的结果（Choudhury 和 Sabherwal[99] 2003；Kirsch[107] 1997） • 可以促进双方协同调整应对未来不可预期的变化（Williamson[102] 1996） • 应对可预期的交易风险的机制，尤其是不确定性引起的（Williamson[108] 1985）	未来需求管理计划	做出过程和方法上的安排以应对长期合作中可能出现的变化或者不确定性因素
	可预期的变化计划	对未来的不确定性，尤其是可以预料到的有利益冲突和事故的情况做好准备
	反馈计划	实践出真知，持续地改变方法和态度等以提供更好的服务状态
	创新计划	合作式创新，尤其是来自双方的对于绩效改进的共同努力
治理特征 • 避免合同中断的机制（Williamson[102] 1996） • 完成定期目标的奖励手段和错过定期目标的制裁手段（Klein 等[109] 1978） • 设定并且执行杠杆管理，不定期地检查以确认目标关系发展正常（Choudhury 和 Sabherwal 2003；Kirsch 1997；Ouchi[110] 1979）	沟通计划	设定方法向所有合同有关方传达相关的信息，如定期的正式会议和报告
	评估规则	从购买方的战略计划出发，对服务水平的精确评估和测算
	冲突仲裁规则	对意愿强加的不同力量调整
	执行计划	"大棒加萝卜"政策，对利益和工作的共享

除了合同的结构研究之外，也有研究提出了定制合同（customized contract）的概念。定制合同是供应方为满足买方单方面需求，为不同买家不同任务特殊制定的合同，用于使合作规范明确而详细和承诺服务质量[111]。针对资产专用型的风险，强调交易方式的定制合同至关重要。例如，卖方需要向买方进行服务的定制，

而买方也要对买方的服务程序和规则有准确的理解。通过定制合同,可以更有针对性地规定合同双方的责任和义务,增进合同双方的理解。Reuer 和 Arino[112]发现,包含合同终止预警、仲裁和诉讼细则的合同一般都与资产专用型的交易有关。类似地,Barthelemy 和 Quelin[113]发现,交易的转换成本越高,合同的复杂程度越高。针对难以衡量绩效的风险,拟定更为详细的、复杂的合同可以有效地帮助买方衡量卖方的努力程度。如上文提到的 Chen 和 Bharadwaj 研究中的标杆管理也可以确定衡量绩效的标准。针对不确定性风险,在定制的复杂合同中,可以针对交易内容有效地对未来交易做出预期,规定由此带来的问题的解决方法和机制,规避风险。Barthelemy 和 Quelin[113]发现交易双方未来需求的不确定性越高,合同的内容要越详细。同时,当不确定性增加时,更加复杂的合同让监督变得容易。尽管制定完全合同的可能性很小,但是不确定性事件发生时,定制合同可以起到很好的作用,用以指引调整行为。

2.3.2　网站制度

网站制度的控制在网络化外包的环境中尤其重要。Pavlou 和 Gefen 认为这些控制主要是指在电子商务的环境中基于第三方的制度框架下保证交易双方可以在理性的公平的市场环境中产生互动行为[14]。网站制度与基于制度的信任有一定的关系,但是从含义上讲又不尽相同。Fang 等[115]学者对电子商务制度机制感知有效性(perceived effectiveness of e-commerce institutional mechanism)和其他相关概念结构性保障(structural assurance)和制度结构(institutional structure)进行了比较区分,见表 2-9。

Pavlou 和 Gefen 的研究认为,信用卡付款、反馈系统和托管机制等控制手段能有效地帮助买卖双方完成交易。反馈系统是网站建立的互评或论坛机制等,使得买方可以对卖方做出评价,从而为买卖双方提供了解对方的基础。通常情况下,这一制度由网站使用者如买家和卖家监管,因此只有在买家和卖家认可这种模式,并且认为网站上的评论真实可靠的情况下,才会对买家和卖家产生影响。资金托管可以保障买卖双方的权益,因为资金托管方(如 Paypal 和支付宝)要在买方收到商品并表示对商品满意后才授权支付,服务商才能得到报酬。信用卡交易,例如 Visa 或者 MasterCard 的支付渠道,也是可以通过第三方(通常是银行或者金融机构)担保的。在美国,信用卡支付是最常见的网络交易方式,如果在使用信用卡支付时产生了欺诈交易,买方可免于任何责任。即便遇到麻烦,买方也可以直接向信用卡发布方寻求帮助。但是Lu等[116]学者的研究表明这一情况在中国并不成立,中国和日本等地区的人民有依赖现金的习惯,所以对信用卡支付尚未习惯。

表 2-9 网站制度的含义以及与相关构念的比较

主要网站制度		对风险的强调程度	
		弱	强
卖方针对性程度 Vendor Specificity	卖方独立性 Vendor-Independent	结构性保障:普遍适用制度使买方能够感知到在网上进行交易是安全的 测量指标举例:在网络上交易时有确保交易成功的合理保障制度	网站制度感知有效性:普遍适用制度是买方能感知到在网上进行在线交易的风险是被降低了的 测量指标举例:在网络上交易时有确保买方免于交易风险的合理保障制度
	卖方针对性 Vendor-Specific	制度结构:卖方可以通过第三方机构的制度来确保买方与其交易是安全的 测量指标举例:通过这个网站进行交易时有来自这个网站的确保交易成功的合理保障制度	卖方可以由第三方机构的制度安排确保交易风险是被降低了的 测量指标举例:通过这个网站进行交易时有来自这个网站的保护买方免于交易风险的合理保障制度

Saxton等学者[12]对众包网站的管理控制系统进行了分类,认为网站控制系统的作用不是对劳力技能的提高,而是吸引更多有能力的、多样化的、聪明的人使用众包网站。他们重点讨论了三种控制制度:(1)交易制度[117];(2)建立信任制度;(3)投票和评价机制。这里的建立信任制度专门指代托管和买方-供应方评分机制。Saxton等人对众包模式中的控制系统做了评价,这里仅对众包中介模型加以介绍,如表2-10所示。文章用高、中和低三个程度说明某一特定机制的重要性。

郎宇洁[118]在基于长尾理论对Web2.0环境下信息服务模式提出优化思路时提到实名登记,即在进行涉及信息有偿交易的登记时提供有效证件证明个人身份,如果交易金额较大,可以提供金额支付能力证明等。这都是对网站制度的有效探索。Zheng[119]等对猪八戒网的诚信服务保障机制做了实证研究,发现提交诚信保障金的供应方比未提交诚信保障金的供应方竞标成功的概率要大很多。Koufaris等[120]人通过实证研究证明隐私、安全控制与消费者信任之间的关系。Yoon[121]认为网站的安全性与消费者信任和满意度存在正相关关系。

表 2-10　管理控制系统在众包中介模式中的作用程度

产品或服务类型	管理控制系统（Management Control Systems）			投票和评价
	交易制度	建立信任制度		
		托管	买方-供应方评分	
R&D、创新、创造	高	高	低	低
软件开发、媒体、语言服务、商业服务	中	中到高	高	高
移动应用设计、游戏调试	低	中	中	低

资料来源：Saxton 等，2012。

2.3.3　关系治理

比起合同治理，关系治理也被称作非正式治理，是非书面的，是一种基于工作环境保障工作顺利进行的监管机制。关系治理机制产生于社会关系中对价值和程序的认可，这种机制与合同相比也可以使交易的成本最小化。

在以往的文献中，对关系治理有三种理解。一种是心理层面的，也叫内部规则，是基于相互信任的情感纽带[122]，如 Genctuck 和 Aulakh[123]把关系治理定义为信任、承诺和灵活性。另一种强调社会行为层面，也叫外部行为，指公开的沟通与合作[124]，如 Claro 等[125]认为关系治理指交易双方的联合行为，信任则是关系治理的影响因素，而 Poppo 等[126]将关系治理定义为一种社会机制在合作规范和协同活动的基础上对交易双方行为的管制和指引。还有一种是指心理层面和行为层面同时构成了关系治理，如 Grandori[127]认为不断调整外部行为可以弥补内在规则导致的僵化，进而保持治理关系的灵活性，因此内在规则和外在关系必须同时存在。对于关系治理的来源和发展，陈灿[128]的文章做了详细的介绍，同时还指出了关系治理研究的未来发展趋势。

由于组织间的交易关系通常发生在社会环境下，体现出的不仅仅是一种经济关系，所以合同治理不能够覆盖所有交易双方的需求。学者们更倾向于用社会学理论来研究关系治理，如社会交换理论。社会交换理论最早由 Hormans[129]于 19 世纪 50 年代在美国提出，认为人为的社会活动归根到底是一种交换行为，人们在这种交换中形成的社会关系也是一种交换关系。Emerson[130]指出社会交换理论与经济交换理论最根本的差别在于参与主体。社会交换理论认为一个交易主体不是在与另外一个交易主体进行交易活动,而是与一个市场。Blau[55]认为社会交换理论把交易行为看作是建立在以其他参与主体的奖励和报酬为激励的基础上的。个体之间之所以存在交换关系,是因为他们从相互交换的关系中得到了某种需要。

在社会交换理论的基础上,Goles和Chin[98]又提出了关系交换理论,指交易双方的主体认为交易的结果是经其他途径不能得到的,或者是另外一个交易主体不能提供的。Macaulay[131]进一步拓展了关系交换理论。关系交换理论认为合同是不完全的,因为合同永远不可能预料到所有合同期限内的不确定因素。而关系交换理论提倡的关系准则(relational norm)可以弥补合同的这个不足。

在关系治理的实际测量模型中,比较常见的有Goo[106]等认为的关系治理模型,该模型主要包含了三个维度:关系准则、和谐的冲突解决(harmonious conflict resolution)和相互依赖(mutual dependence)。关系准则维度是指群体内部的决策者享有共同接受的行为准则,并且这一准则服务于实现群体目标[132,133]。关系准则又包含三个方面的具体内容,即团结(solidarity)、信息沟通(information exchange)和灵活性(flexibility)。团结是指群体内部成员重视关系的质量。信息沟通是指双方可以有效、及时地进行信息的互通。灵活性是指群体内部愿意在特定的情境变化下做出调整而不影响关系的正常发展。这些准则尤其在外包的环境中对服务提供方和接收方提出了持续的日常关系维持的行为准则要求[134]。和谐的冲突解决是指在外包关系发展的过程中,如果发生分歧可以通过令双方都满意的方式来解决,即分歧被共识所取代[135]。技术的复杂程度、动态的快速的环境变化和服务双方的信息不对称,导致在外包关系管理中分歧是难以避免的。而如果冲突解决不好,那么后果通常是极具破坏性的[136]。相互依赖是指在外包关系管理中双方合作取得的共赢远远大于一方所取得的利益[137]。相互依赖的结果通常是价值共造[138]。

还有学者的测量模型侧重于关系治理的其他角度,例如Poppo[126]在测量关系治理时包含了合作、目标分享与计划等方面。Fink等认为关系治理包含七个维度,有冲突解决、关系聚焦、权利使用限制、团结、角色完整性、相互依存和灵活性。不难看出,Fink等[139]学者的七个维度与Goo等的有重合的地方。总体而言,关系治理被认为是一个潜在的多维度变量,在未来的研究中需要学者根据自己的研究情境选择合适的维度并准确把握其概念内涵。

2.3.4 合同治理和关系治理的关系

关于合同治理和关系治理的关系,在以往的研究中得出了不同的结论。第一,互补关系,即一方的增加会加强另一方的效果。Poppo 和 Zenger 通过对外包服务的实证研究得出它们是互补的结论[140]。Ryall 和 Sampson 通过对 52 家技术开发合同的分析也得出了同样的结论[141]。第二,替代关系,即一方的使用会削弱另一方的效果。相反地,Ghoshal 和 Moran 从理论上分析了合同治理和关系治理的替代性[142]。Gulati 基于跨领域联盟的实证数据也认为合同治理和关系治理是可以相互替代的[143]。谈毅和慕继丰[144]的研究是国内对两者分析较为全面的,他们指出合同治理和关系治理不是此消彼长的关系,因为良好的、详尽的正式合同会强化对有关交易风险的惩罚,可以促进交易双方合作关系的长久发展,同时,关系治理可以有效弥补正式合同的局限性,如可以协助合同的调整和未尽事宜的解决等。第三,既有互补关系又有替代关系。最近的一些研究认为这两者之间既存在互补关系又存在替代关系。以往研究对这两者关系的总结如表 2-11 所示。

表 2-11 合同治理和关系治理的关系

作者	时间	变量名	研究方法	关系类型	相关结论
Poppo, Zenger[140]	2002 年	正式合同、关系治理	基于外包服务的实地问卷调研	相互促进	管理者通常使他们逐渐复杂定制化的合同与提高了的关系治理水平匹配而共同发挥作用
Zhou 等[145]	2008 年	个人关系、定制合同	对中国的 361 对买方-供应方交易进行实地问卷调研	相互促进	对于高度资产专业化和不确定的交易,管理者们倾向于使用以个人为基础的关系纽带模式进行交易,同时管理者们还会使用更加定制化的合同
Ryall, Sampson[141]	2009 年	正式合同、关系机制	对 52 家共同开发技术合约的文本进行分析	相互促进	在给定合作关系的基础上,一个更详细化的合同会增加未来交易的可能性

续表

作者	时间	变量名	研究方法	关系类型	相关结论
Ring, Van De van[146]	1992年	正式合同、非正式心理契约	理论研究	相互削弱	随着时间的推移，非正式的心理契约将会替代正式的合同保障成为交易双方信任的基础
Gulati[143]	1995年	合同类型、信任基础、联盟关系	实地研究	相互削弱	公司挑选联盟伙伴时要参考与合作伙伴前期是否存在合作关系以及合作频繁度，当合作双方建立同盟关系后对详尽的合同的重视度会降低
Ghoshal, Moran[142]	1996年	关系控制、社会控制、联盟关系	理论研究	相互削弱	对社会控制的使用会反向地影响控制者和被控者对他们关系的看法
Goo等[106]	2009年	正式合同，关系治理	基于韩国IT经理问卷数据的实地研究	两者兼有	正式合同的基础（foundation）和治理（governance）特征会促进关系治理的作用，而正式合同的变化（change）特征却会对关系治理产生削弱作用
Tiwana[147]	2010年	基于过程的正式/非正式控制，基于结果的正式/非正式控制	基于对120个系统开发外包服务的实地调研	两者兼有	基于过程的正式与非正式控制手段的共同使用可以同时增强工程目标和开发灵活性。但是，基于结果的正式与非正式控制手段的共同使用却会起到相反的效果
Fisher等[148]	2011年	合同治理，关系治理	以一家全球银行的5个信息系统外包项目为基础的探索性案例研究	两者兼有	在外包双方的动态关系发展，阶段关系治理和合同治理的交互作用显现出既有相互促进又有相互削弱的模式

续表

作者	时间	变量名	研究方法	关系类型	相关结论
Yu 等[149]	2006年	正式治理,关系治理	基于台湾-大陆供应关系的问卷调研实地研究	未得出结论	正式治理机制和关系治理机制都会影响供应方做出未来专业化投资的决策倾向
Ferguson 等[151]	2005年	关系治理,合同治理	对交易关系双方即经理与客户的深度访谈	未得出结论	关系治理对交易绩效的影响是显著的;合同治理也会起到正面的影响效果,但不如关系治理影响强度大
Lee,Cavusgil[122]	2006年	基于合同的治理,基于关系的治理	基于184家商业联盟的实地调查	未得出结论	与基于合同的治理相比,基于关系的治理模式在增强企业间合作关系、稳固联盟的作用上更有效、更有影响力
Zheng 等[150]	2008年	合同治理,关系治理	基于两家英国私家财政机构的实地研究	未得出结论	关系治理与合同治理体现出了不同发展阶段的特点,它们之间动态的相互影响并没有体现出一致的关系类型

本 章 小 结

由于众包还属于新兴的研究领域,信息系统领域虽然对众包的关注呈上升趋势,但是理论界并没有形成有关众包的完整理论体系。所以,本章对本次研究的理论基础,包括信任、信任的分类、合同治理和关系治理等理论进行了阐述并对重要概念进行了梳理。通过本章的分析,可以看出众包平台情境下的研究需要借鉴电子商务和外包情境下的文献基础进行理论模型构建;信任的分类有助于了解动态变化中众包情境下买方和供应方的关系;合同治理、网站制度和关系治理会增进买方和供应方的信任关系。关系治理和合同治理的关系有助于分析众包平台中买方和供应方的关系类型。在后续的章节里,我们将对这些问题展开进一步的研究说明。

第3章　基于众包平台过程模型的信任分类

3.1 引　　言

　　众包平台是一个复杂的在线交易平台,供应方和买方在没有任何经验的基础上需要建立信任关系并产生交易。事实上,信任是一个阶段性的过程。本章只深入探讨众包平台中买方-供应方关系的演变过程。例如,Alborz等[152]把外包双方的关系定义为合同前、合同中和合同后三个阶段,明确指出外包关系在动态变化中,不同阶段存在不同的因素,并对外包关系效能(efficacy)产生影响。在信息系统领域,过程模型被用来解释一个连续事件的发生过程,并探讨中间的关键时间节点对参与过程的影响。本章对过程模型和信任的阶段性做了介绍,在此基础上,构建了互联网众包平台中的交易过程模型,并且对交易过程中出现的两种信任形式作了区分,重点说明了快速信任和基于了解的信任在众包平台中的不同。本章是后续章节的基础。对快速信任和基于了解的信任的认识是理解买方-供应方互相选择和长久合作的基础。

3.2 理论基础

3.2.1 过程模型

过程模型在国外信息系统领域已经有了广泛的应用,而国内对过程模型的应用还不深入。过程模型起源于 20 世纪初用于组织设计的一种工具[153]。它在信息系统领域受到关注是在 20 世纪 70 年代的办公自动化应用中[154]。Newman 和 Robey[155] 以及 Langley[156] 曾对过程模型做了详细的介绍,认为过程模型区别于变量模型,侧重于社会变化的动态过程,其通过对构成模型的连续事件的介绍,解释事态发展结果的原因。他们的文章中还指出了过程模型和一般因素模型的不同,指明过程模型不能与因素模型中的自变量和因变量混淆,同时对于结果的解释加以区别。

为了统一称呼便于理解,本文称与过程模型相对应的理论模型为变量模型;严格意义上讲,Newman 和 Robey 称之为 Factor Model,而 Markus 和 Robey 称之为 Variance Model,虽然名称不同,但表达的是一个含义。表 3-1 和图 3-1 分别是对这两种模型的总结。

表 3-1 过程模型和变量模型的比较

	变量模型	过程模型
时间的作用	静态的	纵向发展(longitudinal)
定义	原因是结果的充分(sufficient)和必要(necessary)的条件	推理过程由必要事件依次构成,机会和随机事件可能会起作用
元素	变量	非连续(discrete)事件

Markus 和 Robey[157]讨论了方差理论即变量模型与过程理论即过程模型的不同,指出过程模型的特点是由必要条件依次构成事件发生的先后顺序,例如,水是植物生长的必要条件,但是不是充分条件,也就是说,仅仅有水还不能保证植物的生长,所以水不能看作是植物生长的原因(cause)。过程模型是基于知识的过程,而不是某个指标的高低程度。同时,他们认为过程模型在理论构建方面具有一定的优势。首先,过程模型考虑了时间的因素,因为某些原因和结果只能在某个特定

时间点发生关联作用;其次,在某些情况下,过程模型的研究结果更容易被一般化概括(generalizability)。

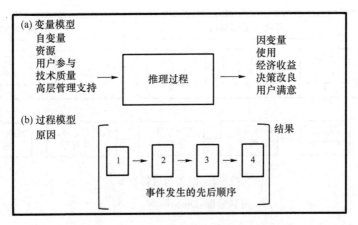

图 3-1　系统开发的变量模型和过程模型

资料来源:Newman 和 Robey, 1992。

Newman 和 Robey[155]认为变量模型仅仅只能解释自变量和因变量关联强度(intensity)或程度(degree)的变化;而不能直接解释为什么自变量和因变量相关,以及怎样相关的问题。过程模型恰好能弥补变量模型功能上的不足,作为理论构建的另外一种有效方式,过程模型强调的是时间发生的先后顺序。同时,他们的文章中指出了变量模型和过程模型的三点区别[158]:首先,过程模型中的因素是事件,不是可测量的变量;其次,过程模型的结果不是因变量,而是一系列事情发展到最后时间节点的结果;最后,过程模型和变量模型的结论有可能相互指引,但是不能整合。也就是说,过程模型和变量模型对同一因素的含义可能不相同。

过程模型被提出来以后在国外信息系统领域及营销领域得到了广泛的应用[89,91,159]。由于我们研究的是众包环境,这里重点介绍了 Dibbern 等[160]提出的 IS 外包过程模型,如图 3-2 所示。国内的学者也认识到了这一模型在理论构建方面的作用,这里对国内的过程模型在管理学科的应用加以介绍,见表 3-2。

Dibbern 把外包的过程分为五个步骤,其中前三个步骤被归纳为决策阶段,后两个步骤被归纳为执行阶段。第一个步骤考虑外包的原因,即优劣势;第二个步骤考虑外包内容的安排;第三个步骤在考虑不同的选择后做出决策;第四个步骤选择供应方,签订合同,管理外包关系;第五个步骤反映外包决策的结果,即外包是否成功。

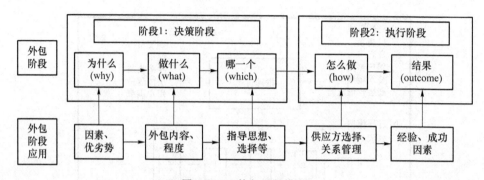

图 3-2　IS 外包过程模型

资料来源:Dibbern 等,2004。

表 3-2　国内学者对过程模型的应用

作　者	模型内容简介	时　间
陈国权,马萌[161]	改进了经典的组织学习模型,加入反馈过程,使整个发现—发明—执行—推广—反馈的组织学习过程模型呈现出闭环状态,同时,加入组织知识库环节,体现出知识积累和组织学习过程的螺旋上升	2000 年
陈劲,周子范,周永庆[162]	构建复杂产品创新的过程模型并对各阶段的特点加以阐述,包括创新思想、任务分解、外包选择、模块开发、集成联调、交付用户、跟踪完善和全面升级	2005 年
焦豪,邬爱其[163]	综合西方学者提出的不同的创业过程模型,归纳提炼出社会创业过程的整合模型	2008 年
郑刚,朱凌,金珺[165]	根据创新要素全面协同的概念,提出五阶段全面协同过程模型,包括沟通、竞争、合作、整合、协同	2008 年
叶明海,王吟吟,张玉臣[164]	结合系统理论,构建创业过程模型,包括创业的关键要素,如机会、资源、战略和结果等,同时,反映了这些要素同宏微观环境的交互作用	2011 年
李庆华,王文平[166]	提出企业国际市场进入过程模型,并给出相关建议,如考虑进入的跨度和节奏,考虑国际化扩张的范围目标市场等	2011 年
朱少英,凌文辁[167]	构建企业压力管理过程模型,包括预防、预警、反应、处理和善后	2011 年

续表

作　者	模型内容简介	时　间
邓建高,卞艺杰,田泽[168]	从企业角度出发,构建了ERP实施过程,包含逻辑过程、保障措施、辅助方法与工具等要素	2010年
毕新华,余翠玲[169]	提出信息技术吸纳模型,包含了辨识、采纳、适应、接受、融合和知识管理等能力	2007年

3.2.2 信任的阶段性

以往的文献中对信任的发展也做了深入的研究。总之,信任应该是一个动态变化的概念。Lewicki[170]等认为信任可以分为不同的类型,并且这几类信任是相关且有先后顺序的。不同类型的信任随时间过程的演变意味着交易双方关系的演变。Lewicki把信任分为基于威慑的信任、基于得失计算的信任、基于了解的信任、基于身份的信任等。

类似地,有学者也针对这些不同类型的信任建立信任的阶段模型来解释交易关系随信任关系的变化。基于威慑的信任指如果人们不按照相应规则行事,那么将会受到相应的惩罚。投机行为的代价将带来绝对的损失。基于得失计算的信任比基于威慑的信任要更进一步,不仅意味着如果违反规则将受到惩罚,还意味着如果遵守规则履行承诺将会受到奖励。对这两者的经济成本的比较就形成了基于得失计算的信任。基于了解的信任,也叫基于信息的信任,是指交易一方充分掌握另一方的信息,并且充分了解另一方的行为以至于可能预测对方未来的行为。这种信任区别于前两种信任关系,它不基于控制,而是基于对信息的把握,在一次到几次的交易经验中观察受信对象的行为。

Rousseau[69]等在文章中接着介绍了不同种类的信任,并且建立了信任的发展模型,如图3-3所示。基于制度的信任前文已有介绍,这里不再赘述。基于关系的(relational)信任与上文讲到的基于了解的信任在含义上基本类似,是强调建立在有过几次接触经验之后的信任,尤其是在过去经验中受信对象表现出的可靠性给信任人留下正面的印象以至于对其未来的行为抱有好的预期。Roussau认为基于威慑的信任并不能构成信任的基本条件,所以在他构建的信任发展模型里没有包括基于威慑的信任。如图3-3所示,在接触初期,基于得失计算的信任起到比较重要的作用,而随着时间的推移,随着交往的加深或者交往次数的增多,基于得失计算的信任逐渐让位于基于关系的信任,最后甚至会消失。而在这过程中,基于制度的信任始终产生作用。在当时的研究中,基于制度的信任更多指的是组织和社会层面的制度设计,所以这点与我们的研究不同,但是具有借鉴意义。

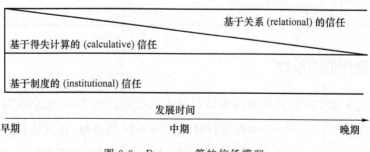

图 3-3 Rousseau 等的信任模型

资料来源:Rousseau 等,1998。

Ba[88]根据 Rousseau 的模型在网络环境下建立了信任发展的阶段模型。Ba 认为在交易双方建立关系的初始阶段,信任是建立在得失计算的基础上的,在此基础上交易双方了解维系关系可以给他们带来什么以及他们为了维系关系所付出的代价是什么。随着关系的发展,交易双方会增进了解,信任基础转为基于了解的信任。到最后,基于了解的信任转为基于转移的信任(transference-based trust)。图 3-4 是 Ba 提出的信任发展的阶段模型,其中 A 和 B 点是信任类型发生变化的时间节点。

Ba 在这篇文章中提出了基于转移的信任的概念,并且指出信任转移是指如果用户信任一个网站,那么也会信任网站里的成员,这个信任建立的基础是相信如果网站成员有投机或欺诈行为,网站首先会对其采取惩罚措施。因此,信任转移是一个有效的在互联网环境下使互动主体之间建立信任的途径。本书借鉴了这一观点,并将其应用在了众包平台的研究环境中。

与本研究情境最为近似的一个信任划分是 Mcknight 等学者[171]的研究。他们认为消费者在与某特定网络商家交易时需要经历两个信任阶段:探索阶段(exploratory)和信任形成阶段(commitment)。探索阶段与上文提到的初始阶段类似,而信任形成阶段更类似于 Rousseau 提到的基于关系的信任。Mcknight 等学者的研究认为这两个阶段并没有严格的时间划分,但是却形象描述了用户决定是否接受网络商家的过程。在探索阶段,信任倾向性、基于制度的信任等因素会影响消费者使用网站的决策。声誉和第三方担保等因素在信任形成阶段不会对消费者决策造成影响。

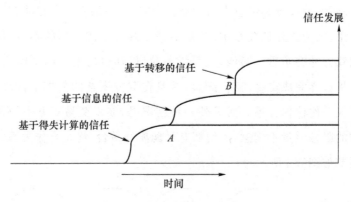

图 3-4 信任发展的阶段模型

资料来源:Ba,2001。

3.3 互联网众包服务平台交易过程模型构建

互联网众包平台为供应方和客户搭建了桥梁,供应方和客户都需要主动申请使用资格,所以互联网众包平台包含三个主体:(1)市场本身,市场起到中介作用,提供市场准入和交易机制保障和相关服务;(2)供应方,即市场中的注册用户,具备某种技能以提供服务,在中国多数情况下供应方又被称为威客;(3)买方,即市场中的任务需求方,在网站中发布一定的需求,通过市场寻求解决难题的人才,在需求解决后支付一定报酬。

从买方和供应方注册为网站用户到交易圆满完成,这一过程大概经历了四个阶段:市场入驻阶段、供应方选择阶段、完成交易阶段、关系维系阶段。第一,市场入驻阶段,买方和供应方需要分别在众包平台完成用户注册和页面制作。此时,买方需要发布任务以吸引供应方参与。第二,供应方选择阶段,买方发布任务之后,主要完成与供应方接洽商谈、与供应方签订合同等步骤。在选择过程中,供应方-

任务匹配将会在很大程度上影响客户的选择。同时，买方还会考虑一系列相关因素，如感知供应方风险、感知供应方能力和感知供应方声誉等。第三，完成交易阶段，买方和供应方之间将通过主要的控制手段和治理方式完成任务。在此期间，合同和网站机制将作为正式的控制手段对买方和供应方产生约束，以保证任务按时按量完成，进而保障买方和供应方的利益。同时，关系治理手段也将在此过程中发挥重要的作用，因为在外包关系中，关系治理会弥补正式控制的不足，帮助买方和供应方协调双方冲突矛盾。第四，关系维系阶段，通过之前的两个阶段的铺垫，供应方和买方将最终完成交易，支付酬金，并且在双方满意的前提下，形成由外包平台监督的长久合作伙伴关系。而另外一种情况是，如果交易双方中的任何一方对平台或对方的服务质量不满意，他们都有可能离开平台，终止合作关系。这四个阶段的具体细节如图 3-5 所示。

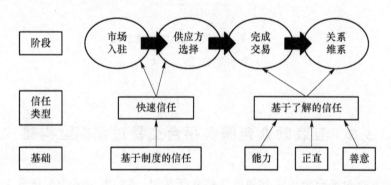

图 3-5　基于众包平台买方供应方交易过程的信任分类

众包平台买方供应方交易阶段信任过程模型的建立参考了 Dibbern 的 IS 外包过程模型和以往研究对信任的分类。不同的是，我们把 Dibbern 提出的 IS 外包过程模型的执行阶段进行了细分，认为这一阶段在众包平台中体现出了新的特点，并且包含了两种信任模式。

两种信任模式分别在这四个过程中体现出来。在第一和第二阶段，供应方和客户之间的信任属于快速信任，在这个阶段，供应方和客户由于还没有充分接触，只能通过平台的推荐和招标机制建立合作关系，因此，此时他们之间的信任是临时建立的，是缺乏先验基础的。这里引用了 Robert 对快速信任的介绍，因为快速信任同时具有基于制度的信任和信任转移的特点。如果将这一阶段定义为基于制度的信任,容易被误解为是对平台的信任,没有传达出从平台转移到平台上注册的供应方的过程。如果定义这一阶段的信任为信任转移,则无法清晰指出信任的来源。

在第三和第四阶段,供应方和买方之间的信任属于基于了解的信任。通过一定的工作接触后,供应方和买方将对彼此形成一定的认识。在此时做出的判断不再需要借助于外界的帮助,自己可以评判对方的能力或者合作意愿,也就是说他们之间的信任是建立在相互了解的基础上的。

本 章 小 结

本书中基于了解的信任是按以往文献中归纳的信任的不同维度进行划分的。在经过至少一次的交易后,买方对供应方的能力、善意、正直做出判断。通常情况下,在这些因素基础上形成的信任将是预测对方未来行为的基础。本章对后续的研究起了铺垫作用。认识到选择人才和未来合作是建立在不同信任的基础上的之后,就可以准确地建立因素模型并对这两个关键问题进行分析。

第4章 众包平台中的供应方选择机制研究

4.1 研究背景

在外包关系中,供应方的选择是长久以来的研究热点[172-174]。供应方的选择被认为是最为关键的步骤之一,因为一个外包项目的成功很大程度上依赖于可靠的供应方选择[175]。而相反的,对供应方的不了解及误判是造成外包项目失败的关键因素[176]。狭义地讲,供应方选择是指发包方在研究所有的投标报告和报价之后,选出一个供应方的过程。同样在互联网众包平台中,这一问题也尤为重要。本章针对这一突出问题建立理论模型进行研究,旨在解决两个关键问题:(1)众包平台中影响供应方选择的关键因素有哪些;(2)快速信任起直接作用还是中介作用。

关于供应方选择的研究大多在营销学和供应链领域,较为全面的是 Dickson[175]提出的供应方选择应考虑的23个因素,如表4-1所示。后来的学者多根据这23个因素开展研究。Weber等[177]回顾了74篇与供应方选择因素相关的文章,发现在这74篇文章里,有47篇认为供应方选择的决定因素不是唯一的。Dempsey[178]在文章里讨论了18个选择供应方的标准。对于这些因素的重要性次序,不同情境下的研究也得出了不同的结论。Wadhwa 和 Ravindran[179]的研究指出在外包环境中,亟待解决的两个供应方选择问题是:(1)选择哪一个特定的供应方;(2)购买量为多少。

表 4-1 Dickson 供应方选择因素

序号	选择因素	序号	选择因素
1	净价格,包括折扣和货运价格	13	供应方的运营监控能力
2	供应方满足质量标准的能力	14	供应方在行业内所处的位置
3	供应方能够提供的维修服务能力	15	供应方的劳工记录报告
4	供应方能够按时交货的能力	16	供应方对自己公司的态度
5	供应方的所在地位置	17	供应方达成交易的愿望
6	供应方的财政状况和信用评级	18	供应方的担保能力
7	供应方的生产设备和能力	19	供应方包装产品的能力
8	供应方的历史交易量	20	供应方在交往中留下的印象
9	供应方的技术能力	21	供应方是否提供产品的培训辅助或课程
10	供应方所处管理环境和组织	22	供应方与自己公司投标或运营步骤的一致
11	供应方的未来购买愿望	23	供应方的绩效历史
12	供应方的沟通途径(包括进度报告数据)		

尽管以往的研究得到了一定的有益结论,但是这些结论并不能直接被应用在互联网众包的市场环境中。根据众包平台过程模型的特点,Dickson 提出的部分参考因素在众包环境中并不适用。例如,价格因素,众包过程由买方发起,在发布任务时已经成为一个既定事实,所以价格因素无从考究。再如,所在地,买方-供应方的交易发生在以互联网为基础的网络上,所以所在地的差异也不大。因此,供应方选择面临着网络化情境下的新问题。所以,本章综合 Dickson 提出的供应方选择因素和众包环境网络化市场的特征,从胜任力、声誉、任务-供应方匹配和快速信任的理论维度来探讨供应方选择的问题。

4.2 理论基础

4.2.1 维度一:胜任力

胜任力(competence)的概念在管理学尤其是人事测评领域得到了广泛的关注和应用。胜任力一词本身来自拉丁文 competre,含义为"适当的",在国外的研究兴起后逐步被引入国内管理学界,常被翻译为"胜任力"或"胜任能力"和"胜任特征"[180]等。

早在古罗马时代,为了描述一名罗马战士的属性曾构建过胜任剖面图,这可视为胜任力的最早雏形。20世纪初,泰勒[181]也曾提出过管理胜任素质运动以及管理胜任力运动(management competency)的概念。在《车间管理》一书中,他应用"时间-动作"法去研究和分析工人间的绩效差异,并建议用这一方法去分析和界定工人胜任特征的成分,同时通过系统的培训和开发活动去提高工人的胜任力,进而提高组织绩效。泰勒的方法可以被看作胜任力模型的雏形。1973年,美国著名心理学家McClelland[182]发表了《测量胜任力而非智力》("Testing for competence rather than for intelligence")一文,提出了胜任力的概念,自此,胜任力的理论研究和应用在学术领域尤其是管理学领域成为人们广泛关注的问题。胜任力较早的定义是知识、技能、态度、价值观等能够可靠测量并可以把高绩效员工与一般绩效员工区分开来的任何个体特征。Sandberg[183]和Mansfeild[184]等认为胜任力并不是指所有的知识和技能,而是指那些人们在工作时使用的知识和技能。王重鸣[185](2002)将胜任力特征定义为导致高管理绩效的知识、技能、能力以及价值观、个性、动机等特征。Bassellier等[186]将IT胜任力定义为商业管理者所具备的与IT相关的知识和经验储备。

在人才选择和人事测评的操作层面上,胜任力模型被广泛地接受和应用。通常,胜任力模型为某特定岗位、角色提供可以参考的综合素质模型。典型的胜任力模型主要有冰山模型(见图4-1)和洋葱模型。

图4-1 胜任力冰山模型

著名的冰山模型由美国心理学家McClleland[187]于1973年提出,认为胜任力模型是由六个层次的胜任力构成的。"冰山"水面上的部分即知识和技能就是我们通常所指的"显能";而在"冰山"下面的部分,即社会角色、自我认知、特质和动机等,通常被称为人的"潜能"。在水面上的表象部分,即人的知识、技能易于被感知,而在水下的部分越深,通常越不容易被挖掘与感知。洋葱模型由美国学者Boyatzis[188]所提出,与冰山模型关注的指标大概相同,但是采取了由外至内层层递进的培养和测量手段。冰山模型和洋葱模型对人力资源部门某岗位进行胜任力素质模型构建,对担任该岗位所需具备的素质进行了定义和描述,从实践上为人力资源管理领域提供了一个重要的素质测评工具,促进了人力资源理论的发展。

在此基础上Mirable[189]对胜任力模型进一步总结,他认为胜任力是能区分高绩效和一般绩效的知识(knowledge)、技能(skill)、和能力(ability)。KSA模型和冰山模型本质相同,但KSA模型更注重当前工作的需要,强调关键的知识、技能和能力能够导致一系列产生高绩效而非基本绩效的胜任力,因此基于KSA的胜任力分析框架被广泛采用。

吕英杰[190]在知识型人才指标评价体系(见图4-2)设计中引入胜任力模型的KSA评价维度,并做了调整,将三个评价维度最终确定为:知识、技能和服务能力。原因是能力这一概念涉及范围较广,而在网络众包环境中,只有能提供优质服务、具有良好信誉的人才能获得任务发布方的认可,因此将能力这一评价维度进一步明确为服务能力。基于对"任务中国"众包平台发布的任务特征分析,知识的具体指标为知识类别、参与的任务数和关注的任务数;技能的具体指标为中标率、任务收入和入围率;服务能力的具体指标为好评率、交流信息和实名认证。

刘景方等[191]根据众包平台创新任务的内容特征,构建了网上创新人才胜任力模型,包含了三个维度十个指标。其中,三个维度分别是成就导向、社交能力和技术研发。成就导向的胜任力特征表现为主动性、自信和成就欲;社交能力的胜任力特征表现为客户服务意识、人际洞察力和团队协作意识;技术研发的胜任力特征表现为信息寻求能力、分析性思维和技术专长。

胜任力已经被广泛应用于多种岗位的人事评估,如家族企业接班人[192]、银行客户经理[193]、银行行长[194]以及党政领导岗[195]等。虽然胜任力概念较为全面地分析了特定工作情境下人们对人才的选择问题,但是没有针对难以测量的核心特质来挑选员工,往往导致选拔出的知识丰富、技术能力较强的人却不能胜任工作。教育背景、知识水平、技能水平得分高的人并不一定能作为选拔的对象,由此,在本书中我们提出了任务-供应方匹配的概念。

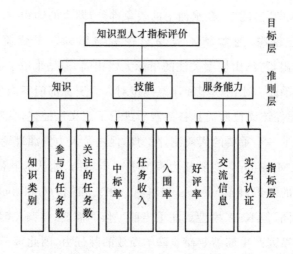

图4-2 知识型人才指标评价体系

4.2.2 维度二:声誉

在信任形成的过程中,声誉(reputation)被认为是可能对消费者信任形成产生影响的关键要素。随着电子商务市场的兴起和发展,声誉作为电子商务平台的重要因素之一被学者们广泛关注,尤其是在对线上交易的(如Ebay、淘宝)购买行为的研究中。声誉信息理论认为声誉是一种信号甄别和信号搜索机制,显示了信任客体的特征和历史绩效表现。声誉交易理论认为声誉是一种资产,与物质资产和金融资产相似[196]。声誉评价机制不仅有正向的影响,还容易产生信息缺失的弊端,即处理不当的个人交易信息会歪曲评论并产生误解;同时,受信客体现阶段的机会主义行为会导致下阶段更低的声誉。在早期的研究中,McKnight等[197]、Koufaris和Hampton-Sosa[120]均将感知信誉作为网络环境下买方对于卖方的信任形成的重要影响因素。Bolton等[198]认为声誉机制是为了减轻或者消除虚拟社区(virtual community)内陌生参与成员之间的道德风险问题,声誉机制能够有效地改善和提高交易效率。

Josang等[199]将互联网的声誉系统分为两种类型:一种叫集中(centralized)声

誉系统;另一种叫分散(distributed)声誉系统。在集中声誉系统里,一个参与主体的表现被其他与之有过互动的主体评价并打分后被声誉中心(reputation center)如网络平台所采集,通过计算系统得出关于这个参与主体的声誉得分并公开发布在平台上。这个评分就是后来的参与者决定是否与之发生交易行为的基础。一般的假设是声誉分值越高,交易可能性越大。在一个分散的声誉系统里,没有声誉中心的参与,即网站平台不集中采集信息进行声誉得分公布,而仅仅是在某参与主体需要了解另一个成员的信息时发出讯号得到的声誉评估行为。图4-3给出了集中声誉系统的模型图,在基于网络交易的情境下,网站采用的大多是集中声誉系统的模式。图中A~G代表了不同的主体。(a)图代表过去的交易以及过程中留下来的评分,(b)图代表潜在的交易要建立在声誉中心提供的评分上。

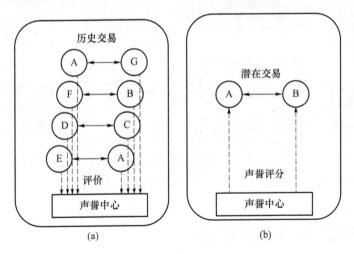

图4-3 集中声誉系统框架图

资料来源:Josang 等,2007。

类似地,国内的学者洪名勇和钱龙[200]对信任和声誉的关系做了探讨,区别于集中声誉系统的观点是,他们认为图4-3(b)的潜在交易先发展成了一种信任的关系。如图4-4所示,i是信任主体,j是信任客体。声誉在这个过程中被分为两种类型:客观声誉和主观声誉。一旦i和j完成第一次交易之后,客观声誉便转化成主观声誉。j的客观声誉和主观声誉都是相对稳定的,但长期看来会随着具体交易情况变好或者变坏。

众包平台的声誉评级机制与一般电子商务市场的作用不一样。电子商务环境下,买家自己对产品的属性进行描述,对卖家的服务进行评估后,可以直接评分表达喜好,这一过程将直接影响未来购买者的决策。而在众包平台的环境下,交易的通常是无形的服务产品,不仅衡量服务质量的标准难以界定,而且评分后并不直接影响交易而是影响对供应方的选择。在众包平台上声誉系统包含了两个方面:首先,买方对供应方提供服务和产品质量评估后可以进行直接打分或者评论;其次,众包平台(如猪八戒网等)通过一种计算系统,对供应方进行声誉的考核并记录。这种声誉机制不仅可以降低买方的搜索成本,还可以帮助买方在没有接触过供应方的基础上形成对供应方的直接认识。

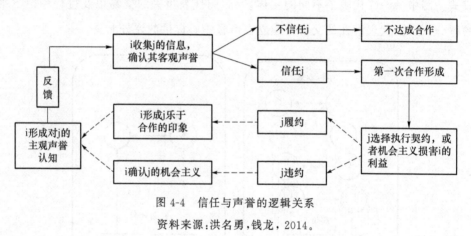

图 4-4　信任与声誉的逻辑关系

资料来源:洪名勇,钱龙,2014。

4.2.3　维度三:任务-供应方匹配

关于匹配(fit)的研究在人力资源和组织行为学中出现较多,在信息系统领域也有涉及,如经典的任务-技术匹配[201-204]。供应方-任务匹配源自组织行为学研究中的人-岗匹配的概念。人-岗匹配是指人和岗位的对应关系。每一个工作岗位都对任职者的素质有各方面的要求,只有当任职者满足这些要求,才能更好地胜任这项工作,获得最大的绩效[203]。信息系统领域也有类似的概念。任务-技术匹配模型通过对认知心理和行为的分析来揭示信息技术作用于用户的任务绩效的机理,反映了信息技术和任务需求的内在关系,指任务需求、个人能力和技术功能之间的匹配程度。模型中,技术特征是用户用来执行任务的工具的特征,任务特征是能促使用户更多地依赖技术的因素,这些特征将影响用户能否使用该技术及使用该技术的难易程度[201]。

在组织环境与众包平台中的类似情形下,都是通过将人的特点跟工作的特性进行比较,从而进行任务-供应方匹配的。在众包平台的供应方选择过程中,客户也将供应方的特点同某一特定的任务进行比较。任务-供应方匹配被定义为客户认为某一特定供应方与众包平台中特定任务的匹配程度,如图 4-5 所示。

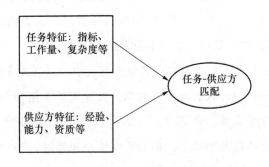

图 4-5　任务-供应方匹配概念模型

关于匹配的研究方法有两种:一种为主观感知匹配(perceived fit);另一种为工程匹配(engineering fit)。按照工程匹配的算法[205],在任务-供应方匹配中,第一,需要对任务和匹配商分别确立指标体系,即由单项评价指标组成的有机整体,用于反映综合状况和整体状况。第二,确立所选指标及指标间的结构关系。第三,通过相关检验如重要性检验、协调度检验、必要性检验等完善相关指标。第四,确定指标权重。关于指标权重的确定,目前主要有主观赋权法和客观赋权法两类。主观赋权法是根据各指标的决策者主观重视程度进行赋权的一类方法,如专家调查法、层次分析法等;而客观赋权法是各个指标根据一定的规则进行自动赋权的一类方法,如熵权法、均方差法等。第五,根据多指标决策算法计算匹配度。

服务网站通过建立合理有效的任务人才匹配模式,为客户和供应方提供一种合理有效的匹配方法,从而获得供需双方对众包网站的信任,进一步促进众包平台的发展。

4.3　研究模型与假设

基于以上提出的三个理论维度,我们构建了众包平台中供应方选择倾向性模型(见图 4-6)。供应方选择倾向性(vendor preference)是指客户选择某一特定供应方来执行该众包平台任务的意愿度。该模型探讨了任务-供应方匹配和快速信任对供应方选择的影响。在此基础上,这个研究模型不仅探讨了感知供应方声誉和感知供应方胜任力对供应方选择的主效应,同时还检验了快速信任度的中介作用。同时,我们把经验和任务复杂度作为模型的两个控制变量。

首先,基于匹配的角度,感知任务-供应方匹配度将毫无疑问会影响客户的供应方选择意愿。任务-供应方的匹配度越高,意味着客户认为供应方越能够满足特定任务需求,那么,客户对该供应方选择的倾向性就越高。

H1:任务-供应方匹配对供应方选择倾向性具有显著正向影响。

信任是合作的前提和基础,如果外包双方彼此间缺乏信任和诚意,终将影响项目绩效,甚至导致合作失败。传统观点认为,信任是一个历史依赖过程,建立在共享经验和长期、稳定的联系基础上。但对于网络众包来说,客户与供应方之间没有充分时间进行传统信任的构建,无法积累经验赢得彼此的深层次信任,于是建立快速信任就显得非常重要。在激烈的竞争中,快速信任的建立意味着更快地进入合作和工作状态,更快地取得预期成果,实现双方的共赢。

信任已经被证明是电子商务和外包关系中的一个重要角色。快速信任在众包平台中必将起到重要的作用,它不仅可以消除不确定性和解决复杂问题,同时还可以对客户决策产生正面影响。所以,我们提出假设 H2。

H2:客户的快速信任度对供应方选择倾向性具有显著正向影响。

众包平台中,客户对供应方的选择在很大程度上取决于供应方是否具有完成客户所发布任务的胜任力。买方对供应方的感知胜任力越高,那么买方选择供应方的可能性就越大。于是我们提出假设 H3。

H3:感知供应方胜任力对供应方选择倾向性具有显著正向影响。

以往的研究已经证明了能力对信任的影响。感知胜任力作为一个相比能力更宽泛的概念,在众包平台的环境中,会对快速信任产生积极的影响。尤其,众包平台在其相应的机制中会帮助客户来评判供应方的能力。

H4:感知供应方胜任力对快速信任度具有显著正向影响。

信誉系统在网络社区中扮演着重要的角色,帮助地域分散的用户完成交易和合作,尤其是在线的销售和合作问题[206]。信誉通常包括反馈和评价机制,在众包平台中,也不例外。反馈机制是其他合作过的客户对一般供应方最直接、最真实的反应和印象。在电子商务,包括众包平台中,我们认为感知信誉会对客户的选择产生积极的影响。

H5:感知供应方声誉对供应方选择倾向性有显著正向影响。

如上文所述,基于制度的信任是形成快速信任的途径之一。而它也包括了感知信誉,即反馈和评价机制。以往的研究中也证明了反馈机制对买家信任的影响。在众包平台中,我们认为感知信誉对于快速信任会有同样的影响。

H6:感知供应方声誉对于快速信任度有显著正向影响。

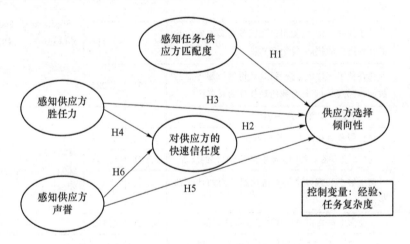

图 4-6 供应方选择倾向性模型

4.4 研究方法

4.4.1 数据来源与变量说明

本书的量表设计参考了以往相关研究的文献。例如,对任务-供应方匹配的测量,我们采用了主观匹配的视角,即评估主体主观直接地评估两者的一致程度[207]。除此之外,关于匹配的测量,还有客观匹配(objective)和前文提到的工程匹配的角度。关于胜任力的测量,我们借鉴了KSA的视角;同时,借鉴了电子商务环境下的部分文献来测量声誉和快速信任。具体的量表内容见表4-2。我们采集了供应方的工作年限和任务的交易金额作为控制变量。

表 4-2 供应方选择模型问卷内容

构念代码	问卷内容	平均数	方差	来源
感知任务-供应方匹配(VTF)				(Cable,Judge[208] 1996；Kriftof-Brown 等[204] 2005；Piasentin,Chapman[209] 2006)
VTF1	综合考虑我觉得这位服务商很适合我的需要	4.831	1.194	
VTF2	我认为这位服务商会根据我的要求完成我的任务	4.018	1.452	
VTF3	总体看来我认为这位服务商符合我的选择条件	5.175	1.356	
感知供应方胜任力(PVC)				(Sandberg[183] 2000；Edward[203], 1991)
PVC1	这位服务商的技能、能力和知识与我任务的要求很匹配	5.027	1.388	
PVC2	基于我的评估,我觉得这位服务商具有完成我的任务所需的技能、能力和知识	4.814	1.441	
PVC3	在评估了这位服务商后,我觉得这位服务商的技能、能力和知识符合我所贴任务的要求	4.601	1.227	
感知供应方声誉(PVR)				(Pavlou,Gefen[114], 2004；Ba, Pavlou[210] 2002)
PVR1	这位服务商在网上有好的声誉	3.142	1.318	
PVR2	这位服务商在以往的交易中获得了良好的反馈	3.071	0.865	
PVR3	网上客户一直以来给予这位服务商的评级都很好	3.328	0.967	
PVR4	这位服务商在市场中获得了积极的评价	3.131	1.165	
对供应方快速信任度				(Robert 等,[72] 2009)
CSTV1	鉴于猪八戒网作为一个值得信任的众包平台,我可以完全信任这位服务商	5.787	0.787	
CSTV2	因为猪八戒网是一个值得信任的众包平台,我有信心和这位服务商合作	5.74	1.164	
CSTV3	考虑到猪八戒网是一个值得信任的众包平台,我觉得和这位服务商签约没有问题	5.263	1.320	
供应方选择倾向性				(Murray,Haubl[211], 2011)
	请评估您选择这位服务商的倾向性程度并打分	6.011	1.709	

为了对以上理论假设进行验证,我们选择了国内的一家众包平台。创办于 2006 年的猪八戒网(zhubajie.com)是目前国内知名的众包网站,服务交易品类涵盖创意设计、网站建设、网络营销、文案策划等多种行业。2011 年猪八戒网获得 IDG 千万级的美金投资,入围"2011 年度最佳商业模式"十强。

本次调研针对的是猪八戒网上的发包方。因此,问卷的发放要得到猪八戒网及其用户的配合。我们让受试者采用一种情境回忆的方法来有效地重现他们脑海里长存的记忆[212,213]。我们的量表可以帮助受试者成功回忆他们在猪八戒网上的一次发包经历。问卷包括两个部分,共有 37 套试题。第一部分用于回答与客户成功交易的供应方的经验,而第二部分则用来回答在竞标中表现最差的一个供应方的情况。我们要求供应方写下与他们成功合作的供应方的名字,以确保回答的准确性。

我们通过在猪八戒网上发布任务信息来与受试人取得联系。问卷回收过程如表 4-3 所示。

表 4-3 供应方选择问卷发放情况

发放阶段	内容	目的
阶段 1	专家学者调研	完善问卷编制、建立内容效度
阶段 2	共成功回收 172 份,除去 16 份无效问卷,样本数目达 156 份	信效度检测、数据分析

4.4.2 内容效度

对于一个理论构念的测量指标而言,内容效度(content validity)被定义为指标所能涵盖的构念的理论定义范围的程度,即测量工具所能捕捉的变量的不同方面[214,215]。Straub[216]指出,内容效度的建立需要通过完整的文献综述或专家组测评。同时,一个构念的测量指标若要具有良好的内容效度,需要从一个具有普遍适用性的题项库中选择,这样,这些指标可以代表该构念的整个内容范畴。综上所述,在设计问卷的过程中,各测量指标能建立在可靠的理论基础上,同时借鉴以前学者类似问卷的内容,加以适当修订,而后与专家学者讨论审核,并通过预测试检验,则可称为具有较好的内容效度。

根据以上建议,为了保证问卷具有良好的内容效度,本文在借鉴相关文献设计问卷的基础上,在数据收集之前,请相关理论和实践领域的专家和学者对初始问卷进行了预测试,就问卷内容、语法、措辞等方面进行评价,这些专家和学者来自不同的领域。第一轮的预测试中,主要请佐治亚州立大学商学院计算机信息系统系的 3 名博士生对问卷中的语言内容、措辞表达进行评价和修正,使问卷更加清晰、容易理解。第二轮的预测试中,我们请上海交通大学管理学院信息系统专业的两位老师对问卷具体问题、规模、说明以及语言组织等方面进行评价和修正,在问卷构思和问题表达方面得到了珍贵的意见。第三轮的预测试中,主要请猪八戒网上的两名供应方对问卷的格式及书写等方面进行评价,确认无误后发放。

所以,本研究首先从前人的相关研究中获得相关构念及测量指标,然后请信息系统领域的相关专家和部分行业内人士进行评价和修正。从而从理论和实践的角度较好地保证了本研究调查问卷的内容效度。关于测量模型调研数据的信效度检验将在有关数据分析的章节详细阐述。

4.5 数据分析方法:偏最小二乘-结构方程模型(PLS-SEM)

结构方程模型(SEM)是一般线性回归模型的扩展,广泛应用于心理学、行为科学、信息系统应用、市场营销分析等领域,主要用于研究不可直接观测变量(潜变量)与可直接观测变量(指标)之间的关系,以及潜变量之间的关系。它利用一定的统计分析技术,对复杂现象的理论模式进行处理,根据理论模式与实际数据关系的一致性程度,对理论模式做出评价,以达到对实际问题进行定量研究的目的。

结构方程模型有两大主流技术,分别为协方差形式结构方程模型(covariance-based SEM)和主成分形式结构方程模型(component-based SEM),也被称为偏最小二乘法-结构方程模型(PLS-SEM)。协方差形式结构方程模型是由Joreskog[217]于20世纪70年代提出,以变量的协方差结构进行分析,借由定义一个因素结构来解释变量的协变关系。主成分形式结构方程模型由Herman Wold[218]于20世纪60年代提出,由变量的线性整合定义出一个主成分结构,再利用回归原理来解释和检验主成分间的预测与解释关系。

Partial Least Squares(PLS)是主成分形式结构方程模型的一种计算方法,目前在信息系统、市场营销、人力资源及运营管理领域都得到了广泛重视。Ringle、Sarstedt和Straub等[219]对 *MIS Quarterly* 的文献做了统计,发现使用PLS-SEM的论文呈现大幅增长趋势,如图4-7所示。

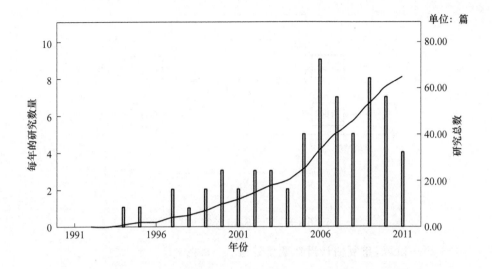

图 4-7 *MIS Quarterly* 发表文献使用 PLS-SEM 的趋势

说明：1. 灰色线条表示 *MIS Quarterly* 中每年使用 PLS-SEM 的文章总数；
2. 黑色线条表示 *MIS Quarterly* 中使用 PLS-SEM 的累积文章总数。

4.5.1 PLS-SEM 的特点和优势

以往的研究指出了 PLS-SEM 相比较于 CBSEM 的特点[220-223]。结合本研究的实际情况，我们选择 PLS-SEM 作为构建模型和分析数据的技术。

（1）PLS-SEM 更适合用于进行理论模型的构建，用于探索性分析。PLS-SEM 更注重构念间关系的预测。

（2）PLS-SEM 可以对非正态分布数据以回归技术进行估计求解。

（3）PLS-SEM 更擅长处理小样本数据。

（4）PLS-SEM 可以同时灵活处理反映型指标（reflective measurement）和构成型指标（formative measurement），关于这两种指标的检验方法将在后文中详细介绍。

4.5.2 PLS-SEM 的计算方式

PLS-SEM 的计算方式有两个阶段，分别是估计潜在变量数值和最终估计系数。我们以图 4-8 为例做以下说明。

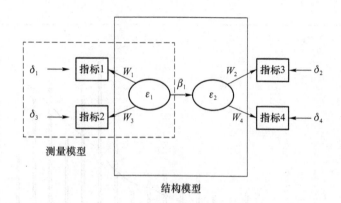

图 4-8　PLS-SEM 计算方式

(1) 第一阶段,重复估计潜在变量数值。

步骤1,由测量模型估计潜在变量数值,如图中的 ε_1 和 ε_2 是由指标1、指标2、指标3和指标4,以及步骤3中的测量模型系数计算得到的。

步骤2,估计潜在变量关系的系数值,如图中的 β_1。

步骤3,估计测量模型的系数值,由潜在变量和步骤3潜在变量分数计算得到,如图中的 W_1,W_2,W_3 和 W_4。

(2) 第二阶段,最终估计系数,包含有测量模型的权重和负荷量,以及结构模型的关系,主要使用一般最小平方法计算得到。

4.5.3　反映型指标及其检验方法

测量模型是指标和潜在变量间关系的界定和说明,在 PLS-SEM 中,潜在变量既可以被设定为反映型指标,也可以被设定为构成型指标。以往的学者对这两种分类做了不同的说明。例如,从指向关系上,Diamantopouos[224]指出反映型指标从变量指向指标,而构成型指标则相反。萧文龙[225]给出的定义是,反映型指标是可以直接反映在变量上的指标;而构成型指标反映动机(某种原因)的具体表现。对构成型指标和反映型指标的区分检验越来越多地受到了信息系统学者的关注。Jarvis[226]等学者对 1977 年到 2000 年市场营销类顶级期刊的部分文章进行回顾,发现有 28% 的模型存在模型设定错误的问题;而 Petter[227]等学者对信息系统顶级期刊的文章进行回顾时也发现有 30% 的文章把构成型变量设定成了反映型变量。

图 4-9 为反映型指标与构念关系模式图。

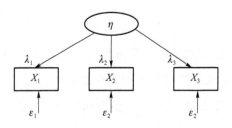

图 4-9　反映型指标与构念关系模式图

反映型指标的模型形式为：

$$x_i = \lambda_i \eta + \varepsilon_i \tag{4-1}$$

X_i 是潜在变量 η 的第 i 个指标，ε_i 是潜变量 η 的第 i 个指标的测量误差，λ_i 是 η 影响 X_i 的相关系数。

关于反映型指标的检验方法说明如表 4-4 所示。

表 4-4　反映型指标检验方法

内部一致性	通常使用组合信度系数（composite reliability），须大于 0.708（在探索性研究中），0.6~0.7 也可以被接受
指标信度	测量指标的标准载荷须大于 0.7
聚合效度	平均变异萃取量（AVE）须大于 0.5
区别效度	(1) 各构念内的 AVE 平方根均大于各构念间的相关系数；(2) 每个测量指标在所属的潜变量上的载荷要大于这个测量指标在其他潜变量上的载荷

4.5.4　构成型指标及其检验方法

图 4-10 为构成型指标与构念关系模式图。

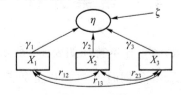

图 4-10　构成型指标与构念关系模式图

构成型指标的模型形式为：

$$\eta = \sum_{i=1}^{n} \gamma_i x_i + \xi \qquad (4-2)$$

γ_i 是第 i 个指标对潜在变量 η 的影响系数；ζ 代表干扰项。

Cenfetelli 和 Bassellier[228]对构成型指标验证方法做了详细的说明，包括路径系数、VIF 和冗余分析等步骤，关于构成型指标的检验方法说明如表 4-5 所示。

表 4-5 构成型指标检验方法

检验方法	标准
路径系数/权重的显著性	t-value 需要达到显著性标准
	当路径系数/权重不显著时，有两种选择：(1) 删除下阶维度或者部分指标；(2) 修改测量模型
	当 t-value 同时显示负值时，有两种选择：(1) 删除下阶维度或者部分指标；(2) 修改测量模型
多重共线性	VIF 须小于 3.33
相关性分析	构成型指标间的相关系数须小于 0.8；变量和指标间的相关性须达到显著性要求
冗余分析	构成型指标测量和同一个潜在变量反映型指标测量的路径系数须大于 0.8

尽管从严格的意义上讲上述步骤对构成型指标的提取提出了严格的要求，但是不少学者对随意删除构成型指标的题项却表示了担忧，由于构成型指标的组成特征，删除任意一个指标都有可能导致对构念的测量不全面[229]，甚至会导致构念维度的受限[230]。所以学者指出从量表中删除题项必须建立在理论证明其可行性的基础上[231,232]，否则，不能轻易删除构成型指标。

4.6 结果分析

我们取得了 156 份有效样本，样本特征如表 4-6 所示。样本中有 80% 以上的受试者具有大学以上的教育水平，同时有 50% 以上的任务的交易金额低于 1 000 元。根据 Armstong[233]的建议，我们比较了早期回答者和晚期回答者样本的区别，并未发现特别差异，所以样本数据不存在无应答偏差（non-response bias）的问题。

根据 Harman[234]的单因素检测标准,我们对数据进行了主成分分析检验,我们的模型中有 4 个因素的特征值大于 1,没有单一因素可以解释超过 50%的标准,所以调研数据也不存在共同方法偏差(common method bias)的问题。

表 4-6 供应方选择问卷样本描述性统计结果

内容	类别	百分比
性别	男	63.8%
	女	36.2%
教育水平	研究生学历	20.5%
	本科学历/大专	63.4%
	高中及以下	16.1%
交易金额/元	0~1 000	57.6%
	1 000~3 000	26.4%
	大于 3 000	16.0%

4.6.1 测量模型

由反映型模型的检验标准可知,内部一致性信度、收敛效度和区分效度是评估测量模型的三个重要指标。在表 4-7 中我们给出了对组成信度、平均变异萃取量(AVE)和 Crobach Alpha 的详细结果。组成信度通常指构念内部变数的一致性,如果值越高,表明他们都在衡量相同的潜在变量。一般而言,其值须大于 0.7。通过分析结果我们可以看到,我们的量表表现出了较好的信度和效度。

表 4-7 效度、聚敛效度和区分效度系数

	组合效度	AVE	Crobach Alpha	PVC	PVR	VTF	CSTV
感知供应方胜任力	0.844	0.825	0.724	0.962			
感知供应方声誉	0.795	0.570	0.620	0.151	0.755		
感知任务-供应方匹配度	0.958	0.824	0.894	0.714	0.155	0.908	
对供应方快速信任度	0.815	0.595	0.660	0.623	0.481	0.605	0.771

为了检验区分效度,我们进行了如下检测。首先,每个测量指标在所属的潜变量上的载荷要大于这个测量指标在其他潜变量上的载荷,本文中各测量指标的交叉载荷均满足这一要求。其次,本文采用 Fornell[235]建议的 AVE 法,通过对比各构念内 AVE 平方根是否大于构念间的相关系数以检验区别效度。从表 4-7 中可

以看出,各构念内的 AVE 平方根均大于各构念间的相关系数,除了指标 PVR3,上述测量结果说明本次调研的数据具有较好的区分效度。在后面的结构模型检测中,我们删除了指标 PVR3。样本数据的载荷和交叉载荷值如表 4-8 所示。

表 4-8 载荷和交叉载荷

	CSTV	PVC	PVR	VTF	VP
CSTV1	0.756 897	0.430 742	0.294 289	0.401 878	0.451 009
CSTV2	0.822 467	0.574 247	0.441 770	0.557 476	0.525 646
CSTV3	0.732 037	0.425 774	0.301 052	0.428 845	0.638 751
PVC1	0.510 742	0.837 610	0.125 028	0.620 405	0.573 905
PVC2	0.580 416	0.783 957	0.245 482	0.627 708	0.487 176
PVC3	0.402 959	0.786 373	0.064 901	0.616 926	0.557 494
PVR1	0.432 171	0.189 641	0.887 745	0.116 539	0.267 466
PVR2	0.198 610	0.152 354	0.646 118	0.265 173	0.155 575
PVR3	0.034 533	0.123 856	0.350 997	0.035 659	0.110 772
PVR4	0.394 027	0.076 706	0.765 307	0.095 340	0.164 848
VTF1	0.536 853	0.691 744	0.147 913	0.912 685	0.686 900
VTF2	0.488 521	0.698 373	0.189 863	0.902 188	0.642 186
VTF3	0.631 678	0.720 582	0.138 183	0.909 960	0.613 239
VP	0.703 196	0.671 149	0.262 820	0.714 325	1.000 000

因为一些自变量之间的相关系数较高,我们用 VIF 测试验证了多重共线性问题。所谓多重共线性(multicollinearity)是指两个或多个解释变量之间出现相关性。本文采用 SPSS 17.0 进行多重共线性检验,通过观察方差膨胀因子 VIF 是否大于 3.3 来判断是否存在严重的多重共线性。从表 4-9 中可以看出,所有的 VIF 均远小于 3.3,说明本次研究的数据不存在严重的多重共线性。

表 4-9 供应方选择问卷数据 VIF 检测结果

模型	共线性统计量	
	容差	VIF
VIF	0.381	2.626
PVR	0.776	1.288
PVC	0.343	2.918
CSTV	0.422	2.369

注:因变量为 VP。

4.6.2 结构模型

1. 主模型分析

我们用 Smart-PLS 软件及其 Bootstrapping 的方法来验证模型,结果如图 4-11 和图 4-12 所示。首先,感知任务-供应方匹配($\beta=0.364$,$p<0.01$)和快速信任度($\beta=0.401$,$p<0.001$)对供应方选择倾向性有显著性的影响,所以 H1 和 H2 成立。另外,感知供应方胜任力($\beta=0.559$,$p<0.001$)和感知供应方声誉($\beta=0.365$,$p<0.001$)对供应方选择倾向性的影响不显著,而是对快速信任度有显著性的影响,所以,H4 和 H6 成立,而 H3 和 H5 不成立。表 4-10 总结概括了对假设检验的结果。感知供应方胜任力和感知供应方声誉解释了 51.8% 的快速信任的变异,而所有这些自变量解释了选择倾向性 63.3% 的变异。

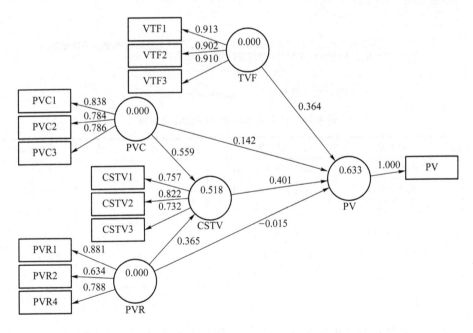

注:PVC 为感知供应方胜任力,PVR 为感知供应方声誉;TVF 为感知任务-供应方匹配度;PV 为供应方选择倾向性;CSTV 为快速信任度

图 4-11 结构模型路径系数与指标载荷结果

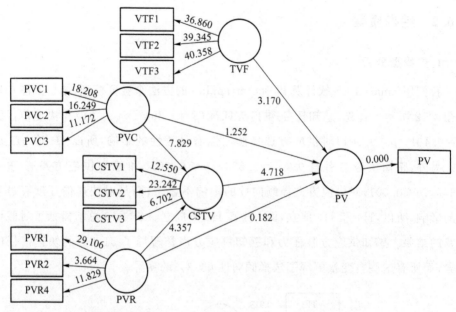

图 4-12 结构模型 Bootstraping 显著性结果

表 4-10 供应方选择理论模型假设结果

假设	自变量	因变量	路径系数	T 值	假设结果
H1	感知任务-供应方匹配	供应方选择倾向性	0.364**	3.170	得到支持
H2	快速信任度	供应方选择倾向性	0.401***	4.718	得到支持
H3	感知供应方胜任力	供应方选择倾向性	0.142	1.252	未得到支持
H4	感知供应方胜任力	对供应方的快速信任度	0.365***	4.357	得到支持
H5	感知供应方声誉	供应方选择倾向性	−0.016	0.058	未得到支持
H6	感知供应方声誉	对供应方的快速信任度	0.385***	4.367	得到支持

注：**，$p<0.01$；***，$p<0.001$。

为了检验各个构念的重要性程度，我们用层次回归（hierarchical regression）方法来计算每个构念的效应量[236]，如表 4-11 所示。构念的效应量 effect size（f^2）可以由式（4-3）计算得来。通常情况下，0.02，015 和 0.35 分别代表弱效应、中效应和强效应[237]。

$$f^2 = (R_{full}^2 - R_{partial}^2)/(1 - R_{full}^2) \tag{4-3}$$

通过计算我们得知,感知任务-供应方匹配是解释供应方选择倾向性因素因变量最多的方差变异的自变量。加入对供应方的快速信任后,R^2变化量为0.088,效应量为0.21,显示为中效应。而感知供应方胜任力和感知供应方声誉对R^2影响不大,显示为弱效应。

表4-11 基于逐层回归的效应量分析

模型变化	加入模型的变量名称	R^2	R^2变化	效应量
模型1	感知任务-供应方匹配	0.510	0	N/A
模型2	对供应方快速信任度	0.598	0.088	0.21
模型3	感知供应方胜任力	0.621	0.013	0.03
模型4	感知供应方声誉	0.633	0.012	0.03

2. 中介效应分析

中介效应是指X对Y的影响是通过M实现的,也就是说M是X的函数,Y是M的函数。如果X通过M影响变量Y,则称M为中介变量。Hair等[238]给出了用PLS-SEM软件验证中介效应的模型原理和计算步骤,如图4-13和图4-14所示。

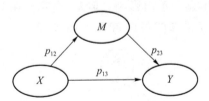

图4-13 中介效应的模型原理

VAF是间接效应与直接效应的比例,解释了中介效应的强度,计算公式如式(4-4)所示。如果VAF值大于0.8,则表明中介变量起到完全中介(full mediation)的作用;如果VAF值在0.2和0.8之间,则表明中介变量起到部分中介(partial mediation)的作用;如果VAF值小于0.2,则表明中介变量不起中介作用。Hair等还指出了计算中介效应量时VAF无法计算的一种特殊情况,即抑制效应(suppressor effect)。如果在不加入中介变量时,直接效应呈显著正向影响,而加入中介变量后,直接效应变为负向显著,那么我们把这种现象定义为抑制效应。抑制效应通常代表了完全中介作用的影响。

$$\text{VAF} = \frac{p_{12} \cdot p_{23}}{p_{12} \cdot p_{23} + p_{13}} \qquad (4\text{-}4)$$

应用这一检验方法,我们检验了快速信任度对感知供应方声誉和感知供应方

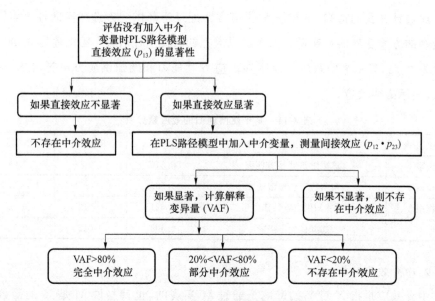

图 4-14 PLS 计算中介效应的步骤

胜任力与供应方选择倾向性关系的中介作用,结果如图 4-15 和图 4-16 所示。我们用 PLS 路径分别检验了感知供应方声誉和感知供应方胜任力对供应方选择倾向性的直接效应,均表现出显著正向影响。但是,当我们在 PLS 路径模型中加入中介变量快速信任度后的结果如图 4-15 和图 4-16 所示。

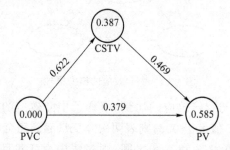

注:PVC 为感知为供应方胜任力;CSTV 为快速信任度;PV 为供应方选择倾向性

图 4-15 感知供应方胜任力的中介效应检验结果

经过式 4-5 计算得知,

$$\text{VAF}_{pvc} = \frac{0.622 \times 0.469}{0.622 \times 0.469 + 0.379} = 0.434 \quad (4\text{-}5)$$

参照上文 VAF 区间可知,中介变量快速信任度对感知供应方胜任力和供应方选择倾向性的直接关系起到部分中介的作用;而感知供应方声誉由直接效应的负向影响变为加入中介变量后的正向影响,此时无法使用 VAF 检验标准,因为发生了抑制作用,这一现象表示了完全的中介作用,感知供应方声誉通过快速信任度对供应方的选择造成影响。

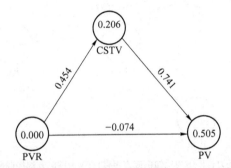

图 4-16 感知供应方声誉的中介效应检验结果

为了检验这一方法,我们用了传统的 Baron&Kenny[239] 的方法加以验证。第一步中介变量对自变量进行回归,回归系数应显著。第二步因变量对自变量进行回归,回归系数应显著。第三步,自变量和中介变量同时进入回归方程,中介变量的回归系数应显著,自变量的回归系数若不显著,则表明存在完全中介作用,若显著并且比第二步有所下降,则表明存在部分中介作用。如图 4-17 和图 4-18 所示,感知供应方胜任力对供应方选择倾向性的路径系数在加入中介变量后从 0.647 降到 0.375,而感知供应方声誉对供应方选择倾向性的路径系数在加入中介变量后从 0.141 降到 −0.031。结果与 PLS 计算结果一致。

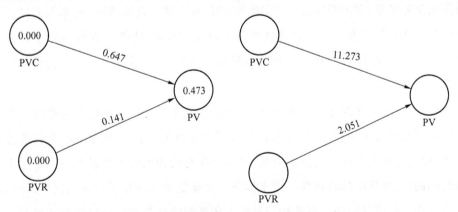

图 4-17 感知供应方胜任力和声誉直接效应检验结果

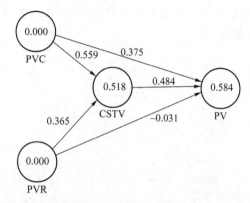

注：PVC为感知供应方胜任力；PVR为感知供应方声誉；PV为供应方选择倾向性；CSTV为快速信任度

图 4-18 感知供应方胜任力和声誉间接效应检验结果

4.7 结论和讨论

4.7.1 任务-供应方匹配角度分析

任务-供应方匹配度表现出对供应方选择的决定性影响作用。

首先，任务-供应方匹配度可以给买方如何选择人才高效率完成自己的任务提供决策参考维度，并不是声誉越高，能力越高，买方就会直接选择，而是需要综合考虑供应方特征等因素。尤其对有技术需求的买方来说，能否在众包平台中顺利地找到合适的人才，确保发布的任务得以解决至关重要，否则就会白白遭受时间成本和经济成本的损失。

其次，供应方在众包平台中要注重调整竞标战略。众包平台上面临的一个重要的问题是过度竞争，买方在发布任务后可以从参与者提交的方案中充分地进行挑选，很大程度上保证了买方的利益，但对于参与的知识人才来说却面临着过度竞争的局面，这种残酷的竞争模式严重挫伤了大量供应方继续参与的积极性。所以，供应方在入驻市场初期可以选择与其能力相匹配的任务进行竞标以积累经验。所以，经验的积累是一个双赢的过程。尽管有研究指出激励供应方参与众包社区的任务的因素包含诸多方面[240,241]，但是成就感和满意度是激励供应方在市场上持续参与完成任务的主要因素[29,242]。

最后,现有的众包平台并没有提供买方-供应方的对接机制,多数情况下,买方发布任务后完全要通过自己的标准去做选择。任务-供应方匹配的直接应用是众包平台可以通过匹配计算向供应方推荐任务,向买方推荐供应方,这样可以降低供应方和买方的搜寻成本,提高市场运作效率。关于匹配的技术研究层面,也有不少探索。例如:Sure[243]提出匹配策略除了数据库查询外还可引入决策系统来提高匹配准确度;Becerra[244]以数据库为基础创建技能知识库,通过对技能的关键字进行搜索,利用数据挖掘技术来自动更新配置文件;Garro[245]利用agent技术来支持对专家的搜索,文中提出了一个XML multi-agent系统,能够完成对特定职位中适合雇员的搜索。众包平台可以借鉴这些方法,从设计科学的角度出发实现市场运作的人工智能化。

4.7.2 声誉和胜任力与网站制度的关系

首先,感知声誉通过快速信任的完全中介作用来影响对供应方的选择。而这一信任又包含了基于制度的信任和信任转移的因素。这不仅要求众包平台要确保自身健全的声誉体系,同时还要求供应方要重视自身声誉与网站的制度建设。以往的研究指出了一些在线声誉机制的有效性,例如:Resnick等学者[246]指出eBay的成功很大程度上归功于反馈论坛的声誉机制;Zhou等[247]学者也在研究中证明了声誉反馈机制的缺失导致商品销售不可持续。

众包平台的声誉机制与一般电子商务网站的声誉机制具有不同的特点。例如upwork.com的反馈、项目评分和推荐率,如图4-19所示。在搜索供应方列表时,会主动筛选出反馈数目多于4条的供应方提供给买方优先考虑。对于upwork.com的这种机制,刘寅等[248]学者认为其也存在一定的问题,基于他们的研究样本,项目评分满分为5分,52%的买方对供应方的历史项目评分达到满分,而44%的买方评分在4.0到4.9之间,这样对供应方的优劣区分度并不明显。而对于评语或者推荐机制而言,52%的供应方从来没有得到过雇主的反馈,这对其他买家在进行供应方选择时是不利的,所以众包平台要改进这方面的设计,鼓励买家提供对供应方的反馈,以便建立平台有效的声誉机制。

其次,感知供应方胜任力通过快速信任的部分中介作用影响供应方的选择。所以在供应方公开的学历、资质等能力材料的同时,众包平台必须加以监管。同

图 4-19　upwork.com 声誉机制应用

时,众包平台需要设定规则帮助买方甄别供应方的胜任力指标以提高市场的运作效率。现有的众包平台都设立了不同的规则来衡量供应方的胜任力,图 4-20 显示了猪八戒网的能力等级制度。猪八戒网把供应方的能力等级分为 32 级,通过不同的能力值界定,如表 4-12 所示。

表 4-12　猪八戒网的供应方等级与能力值关系

能力等级	所需能力值	能力等级	所需能力值	能力等级	所需能力值
猪一戒	1	猪九戒	100 000	猪二十戒	1 700 000
猪二戒	300	猪十戒	200 000	猪二十一戒	2 000 000
猪三戒	1 000	猪十一戒	300 000	猪二十二戒	2 500 000

注:能力值=交易金额×能力系数;好评,能力基础系数=1;中评,能力基础系数=0.5;差评,能力基础系数=0,不累计能力值。

通过供应方等级晋升的过程我们可以看到,猪八戒网有效地将声誉机制与能力值结合起来。但从能力值与等级的对应关系来看(图 4-20),等级越高,晋升越困难。因此,买方在评估低水平或者入驻市场不久的供应方的能力时,不能将供应方等级看作唯一指标。但总体而言,众包平台对供应方能力等级的划分将有效增强供应方区分度,有利于买方选择合适的供应方,完成工作。

第 4 章 众包平台中的供应方选择机制研究

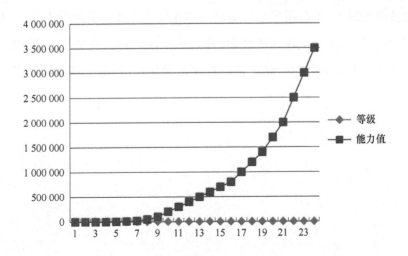

图 4-20　猪八戒网供应方能力值和等级对应关系图

本 章 小 结

除了传统电子商务环境下网站中声誉机制和人事测评中胜任力这两个维度,本章针对众包平台的特定环境,提出了任务-供应方匹配这一概念,并从主观匹配的角度对其进行了测量。在此基础上,我们构建了众包平台的供应方选择模型,并通过收集问卷数据的方式对其加以验证。任务-供应方匹配这一概念能够准确把握众包平台中买方对供应方的本质要求,并不是声誉越好、经验越丰富、能力越强的供应方越会被选中;而是要根据任务类型的不同特点,在将任务与供应方相互衡量的基础上做出选择。通过逐层回归的方法,我们发现任务-供应方匹配这一构念解释了因变量供应方选择倾向性的最多的变异。

同时,快速信任度在众包平台供应方选择因素模型中对感知供应方声誉起到完全中介的作用,对感知供应方胜任力起到部分中介的作用。可见,网站的胜任力和声誉信息会帮助建立买方对供应方的快速信任。

当然,本章的研究也为后续的研究进行了铺垫。首先,我们从理论上构建了声誉模型对快速信任度的影响,未来的研究可以讨论基于众包任务的特征,声誉机制如何不同于一般的电子商务平台。声誉可以直接影响商家和平台,而众包平台交易的是服务，平台用户正确地感知和评估服务质量会影响供应方的声誉。其次，本章的研究提出了匹配的概念，并且从实证的角度指出了任务-供应方匹配的重要性。未来的研究可以从设计科学的角度出发，真正实现众包平台的快速匹配机制。

第5章 众包平台中买方对供应方的未来合作意愿研究

5.1 引　　言

随着互联网技术的发展,越来越多的企业都选择将自己的业务通过网络外包出去,由此兴起的众包正成为一种崭新的商业模式。以往关于众包的研究探讨了发包方和接包方的信任关系,明确指出了信任对于维系双方关系的重要性。然而,这样的关系在众包的环境中是否同样适用却值得探讨。乍一看众包环境不需要信任,因为众包平台提供的交易商品是"服务",采取的是按劳付酬的模式,即买方只需要审核结果就可支付报酬。关于众包平台中的信任问题,国内已有学者开始涉猎。例如,郑海超等[28]研究了影响解答者对发布者的信任问题及网站平台如何设置适当的监督水平。所以,本章的研究内容主要包括以下几个部分:首先,在理论模型部分讨论众包平台环境中信任结构新的特点以及其影响,探讨众包环境下买方对供应方的信任问题,同时引入买方对众包平台的信任的概念;然后,通过数据分析验证了构建的基于买方的众包平台信任概念模型;最后,对假设结果做解释说明和分析。

5.2 研究假设与理论模型

5.2.1 信任

在众包环境中,信任主体是买方,即任务发布者,信任客体是平台和卖家,即服务供应方。在众包平台中,买方能否在短期的接触中建立起对服务供应方的信任,是双方能否合作的关键。事实上,越来越多的供应方重视与买方建立长期的合作,以保证长久的盈利。所以,众包平台服务供应方和买方间的信任尤为重要。在众包平台中,从买方的角度出发,信任关系表现为两类形式,即买方对众包平台的信任和买方对服务商的信任,如图 5-1 所示。对于网站和服务商的信任,是一个整体,是不能分割的。

图 5-1 买方角度的众包平台信任关系

信任的维度一直是信息系统领域的重要研究问题。例如:Doney 和 Cannon[249]将买方和供应方关系中的信任定义为对信任对象的可信性和善意的感觉;McKnight 和 Chervany[92]认为信任是个体对信任目标在多大程度上表现出善意、能力、正直和可预测行为的信心等。而基于 Gefen 和 Straub[68]在文章中的总结,信息系统领域通常采取正直(integrity)、善意(benevolence)和能力(ability)三个维度来作为信任的维度。这三个维度在众包平台中同样适用,正直是指供应方诚实和能信守诺言;善意是指供应方会主动地从买方角度出发行事并顾及买方利益;能力是指供应方具备的能满足买方需要,完成所交付任务的能力。

从信任转移的角度来讲,买方对市场的信任会影响买方对供应方的信任。信任转移是指出于对第三方的信任而产生的对与之相关联的实体的信任[84]。对第三方的信任,是与相关主体间有效合作,愿意依赖对方并承担与之交往的过程中所带来的风险的基础。长期的众包平台信用积累可能是建立买方和供应方之间的信任的一个重要条件。于是我们提出以下假设:

H1:买方对市场的信任对买方对供应方的信任有显著的正向影响。

5.2.2 正式控制

正式控制(formal control)和关系治理(relational governance)在外包关系中被认为是两个重要的手段[124]。在众包平台中,我们认为控制既来自买卖双方就特定任务签订的合同,又来自众包平台从网站角度对买卖双方进入市场后的约束,即网站制度(institutional mechanism)。

1. 网站制度

首先,网站机制的控制在众包的环境中尤其重要。Pavlou和Gefen认为这些控制主要是指在电子商务的环境中基于第三方的制度框架下保证交易双方可以在理性、公平的市场环境中产生互动行为[114]。在互联网众包平台中,认证机制、反馈系统和托管机制等控制手段有效地帮助买卖双方完成了交易。认证机制确立了实名交易的必要性,降低了如虚假信息、拖欠酬金等交易的风险。反馈系统为买卖双方提供了解对方的基础。资金托管可以保障买卖双方的权益,买方对服务满意后,供应方才能得到报酬。这些不同的网站制度为买方和供应方的合作提供了公平交易的基础和解决争端的保障。于是我们提出以下假设:

H2:网站制度对买家对市场的信任有显著的正向影响。

2. 定制合同

其次,根据交易成本经济学的逻辑,管理者的任务是以最小的成本,设计合适交易条件的治理安排。在众包平台中,任务及其复杂程度的多样化,使得定制合同(customized contract)成为必然。定制合同是供应方为满足买方单方面需求,为不同买家不同任务特殊制定的合同,用于明细合作规范和承诺服务质量[111]。由于信息不对称和不确定性的存在,交易双方可能会面临各种各样的风险,所以应设计有效的定制合同,以尽可能地减少与交易相关的风险和由这些风险所带来的损失。定制合同用于约束买家和供应方的交易行为,于是我们做出如下假设:

H3:定制合同对买家对供应方的信任有显著的正向影响。

5.2.3 关系治理

关系治理,也被称作非正式治理,是非书面的,是基于工作环境保障工作顺利进行的监管机制。在以往的文献中,对关系治理有两种理解:一种是心理层面的,基于相互信任的基础上的情感纽带[122];另外一种强调社会行为层面,指公开的沟通与合作[124]。在网络化外包市场的治理机制中,我们采用了第二种解释。Goo 等认为关系治理主要包含了三个维度:关系准则、和谐的冲突解决和相互依赖。在众包平台中,有效的关系治理模式,如及时有效的沟通、灵活的工作模式和有效的冲突解决将在很大程度上弥补合同的不足,帮助买卖双方很好地完成工作和交易。于是我们提出如下假设:

H4:关系治理对买家对供应方的信任有显著的正向影响。

关于合同治理和关系治理的关系,在以往的研究中得出了不同的结论。第一,相互促进关系,即一方的增加会加强另一方的效果。Poppo 和 Zenger 通过对外包服务的实证研究得出它们是相互促进的结论[140]。Ryall 和 Sampson 通过对 52 家技术开发合同的分析也得出了同样的结论[141]。第二,替代关系,即一方的使用会削弱另一方的效果。相反地,Ghoshal 和 Moran 从理论上分析了正式控制和关系治理的替代性[142]。Gulati 基于跨领域联盟的实证数据也认为合同治理和关系治理是可以相互替代的[143]。如上文所述,众包平台对传统外包服务环境的合同治理和关系治理提出了基于网络环境的挑战。这两者在众包环境中将呈现出怎样的关系类型呢?针对此,我们提出以下假设:

H5:合同治理和关系治理对买方对供应方的信任有正向或者反向的交互作用影响。

5.2.4 未来合作意愿

在本章中,未来合作意愿(commitment)被定义为是以未来为导向的买家和供应方之间关系维系的意愿度[106,250]。以往的研究通常以买方的满意度为结果变量,本章进一步探讨买方对供应方提供服务满意后是否愿意付出代价来维系与供应方的关系,在未来有类似发包需求时首先考虑与此供应方的合作。这在众包平台中,有利于买方降低转换成本,提高效率。这对众包平台本身也有重要意义,在众包平台的不确定性和信息不对称性的特征下,买方对供应方的关系维系成为保持众包平台成功运作的重要条件。以往的研究表明信任会决定性地影响合作关系的维系。于是,我们做出如下假设:

第 5 章　众包平台中买方对供应方的未来合作意愿研究

H6：买方对平台的信任对未来合作意愿有显著的正向影响。

H7：买方对供应方的信任对未来合作意愿有显著的正向影响。

基于以上各构念间的假设关系，我们构建了本章的基于买方的众包平台信任影响研究模型，如图 5-2 所示。同时，我们把经验和任务复杂度作为模型的两个控制变量。

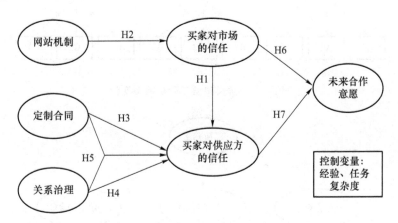

图 5-2　信任-未来合作意愿研究模型

5.3　测量模型和量表设计

5.3.1　二阶测量模型的四种常规模式

本章使用的构念既有构成型变量，又有阶层式（hierarchical）潜在变量，本小节对信息系统领域出现的四种常见的二阶测量模型进行简要介绍。通常情况下，由一阶的反映型或者构成型模式与二阶的反映型和构成型模式构成了四种常见的模式，如图 5-3、图 5-4、图 5-5 和图 5-6 所示。

77

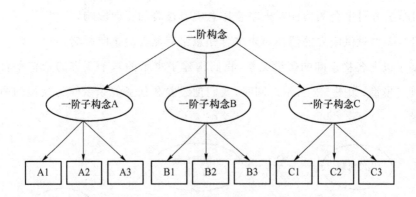

图 5-3　一阶反映型二阶反映型变量

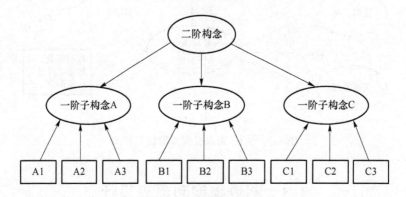

图 5-4　一阶构成型二阶反映型变量

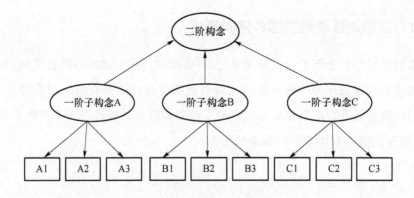

图 5-5　一阶反映型二阶构成型变量

第5章 众包平台中买方对供应方的未来合作意愿研究

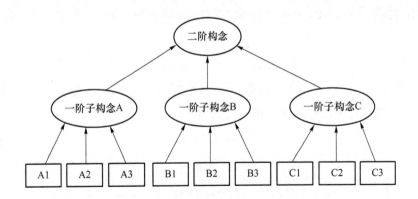

图 5-6 一阶构成型二阶构成型变量

5.3.2 指标多原因模型(MIMIC)简介

上一节对反映型指标和构成型指标的区别做了详细的说明。二阶测量模型,尤其是二阶构成型构念的模型识别使其使用程度严重下降,甚至在模型估计上存在一定缺陷。针对这种情况,很多学者提出了 Multiple Indicator Multiple Cause Model,简称 MIMIC 模型[251-253],国内学者把它翻译为多指标多原因模型,即对于二阶构成型构念,在指标设定时多加两个或两个以上反映型指标。MIMIC 模型如图 5-7 所示。

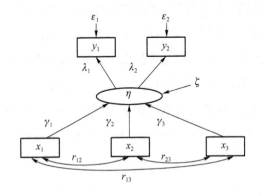

图 5-7 MIMIC 模型

资料来源:Diamantopolous 和 Winklhofer,2001。

从图 5-7 中可以看出,X_1,X_2,X_3 为三个构成型指标,而 Y_1 和 Y_2 构成 MIMIC 模型的两个反映型指标。MIMIC 模型的计算原理包括:"回归"部分,解释构成型指标,由式(5-1)和(5-2)表示;"因素"部分,解释反映型指标,如式(5-3)和(5-4)所示。

$$\eta = \gamma_1 X_1 + \gamma_2 X_2 + \cdots + \gamma_q X_q + \zeta \tag{5-1}$$

其中,$\gamma_i, i=1,2,\cdots$是未知参数,ζ是误差项,$X_i, i=1,2,\cdots$是一组外生显变量(即构成型指标),若以矩阵来简化表示则为

$$\eta = \gamma X + \zeta \tag{5-2}$$

$$\begin{cases} y_1 = \lambda_1 \eta + \varepsilon_1 \\ y_2 = \lambda_2 \eta + \varepsilon_2 \\ \cdots \\ y_p = \lambda_p \eta + \varepsilon_p \end{cases} \tag{5-3}$$

其中 $\lambda_i, i=1,2,\cdots,p$ 是未知参数,$\varepsilon_i, i=1,2,\cdots$是误差项,$y_i, i=,2,\cdots$是内生先变量(即反映型指标),若以矩阵来简化表示则为

$$y = \lambda \eta + \varepsilon \tag{5-4}$$

将式(5-2)带入式(5-4),可得

$$y = \lambda(\gamma X + \varepsilon) + \varepsilon = (\lambda \gamma)X + (\lambda \varepsilon + \varepsilon) = \Pi X + V \tag{5-5}$$

其中,$\Pi = \lambda \gamma, V = \lambda \varepsilon + \varepsilon$。

假设 ζ 和 ε 相互独立且都服从正态分布,则有 $E(\zeta, \varepsilon) = E(\varepsilon, \eta) = E(X, \zeta) = 0$,且有 $E(\zeta^2) = \sigma^2, E(\varepsilon \varepsilon') = \theta$,$\theta$ 为下三角矩阵,则式(5-5)的协方差矩阵为

$$\Sigma = E(VV') = E[(\lambda \zeta + \varepsilon)(\lambda \zeta + \varepsilon)'] = \lambda^2 \sigma^2 + \theta \tag{5-6}$$

由于 η 是一个潜在变量,其测量单位无法确定,因此在模型估计时需要将其标准化。通过可观测变量的样本值可以计算总体协方差矩阵 Σ 和相关未知参数。国内外学者在信息系统、金融学及市场营销多个领域使用了MIMIC模型验证构念间的关系[254-257]。关于MIMIC模型的设定,下文中用关系治理构念的测量方法做了更细致的介绍。

5.3.3 量表设计

网站制度、定制合同、关系治理等构念的量表均来自以往使用过的成熟的外文量表,我们将其翻译并做了众包情境下的修改。在完成对合同治理和关系治理的理论和文献回顾后,我们发现尤其是合同的组成要素很多在指标层面与关系治理

类似,为了从理论上使得两个构念具有区分度,我们采用了定制合同这一概念的同时,保留了合同治理在以往文献的测量方法。对于信任这一概念我们也采用了构成型指标的测量方法。为了使模型估计更加精准,本研究对关系治理和信任的模型设定都采用了 MIMIC 模型的标准。所有研究条目都采用 7 个等级的李克特量表(likert scale)。具体题项和对应来源如表 5-1 所示。通过控制变量,我们采集了供应方的工作年限,用交易金额来衡量任务复杂度。

表 5-1 信任问卷内容

构念	指标类型	数目	题项内容	来源
网站制度 (IM)	反映型	3	和供应方进行交易我感到放心,因为我知道网站会通过其网站上的诸如资金托管、反馈、认证等机制来保护我	Pavlou, Gefen[114], 2004;Fang 等[115] 2014
			我相信网站上的诸如资金托管、反馈、认证等机制可以保护我,以免和供应方发生有问题的交易	
			在网上进行交易我感到放心,因为我知道这个交易系统具有诸如资金托管、反馈、认证等机制来保护我免受供应方不当行为的伤害	
定制合同 (CC)	反映型	3	我们和这位供应方之间有特定的详细的协议	Poppo, Zenger[140], 2002;Zhou, Poppo[145], 2010;Zhou 等[111],2008
			我们定制了协议来详述客户和供应方各自的责任	
			和这位供应方,我们有特别设计的详尽的合同协议	
关系治理 (RG)	反映型	3	总体而言,我们和服务商合作得很好,建立了很好的关系	Goo 等[106], 2009;Zhou 等[111],2008
			我们和服务商的关系是积极的,是对双方有利的	
			我们和服务商的关系以良好的关系管理为特点	
关系准则 (RN)	构成型	3	双方都承诺为了整体的利益而不是单方面的利益做出改进	Goo 等[106], 2009
			对于变化保持灵活性是我和服务商关系的一个特点	
			如果需要,服务商会通知我们所有可能会影响到他们的事件和变化	

续表

构念	指标类型	数目	题项内容	来源
和谐冲突解决（HCR）	反映型	3	在交易过程中双方之间的分歧基本可以被圆满解决	Goo 等[106]，2009
			双方意见上的分歧按双方共同满意的方式得以解决	
			双方的争执在很大程度上都得到了妥善解决	
相互依靠（MD）	反映型	3	交易双方共同承担交易过程中的风险	Goo 等[106]，2009
			交易双方对收益和风险均负有责任	
			交易双方都有效地为对方提供其所需的服务	
买方对平台的信任（CTM）	MIMIC 反映型	2	我信任众包中介猪八戒网	Pavlou，Gefen[114]，2004；Mayer 等[45]，1995；Gefen 等[64]，2003；Vance 等[65]，2008
			我相信猪八戒网是一个值得信任的众包中介	
	构成型	3	网站是一个有能力、在行的众包平台	
			网站是一个正直的众包平台	
			网站不是一个投机的众包中介	
买方对供应方的信任（CTV）	MIMIC 反映型	2	我意识到我信任猪八戒网上这些供应方	Pavlou，Gefen[114]，2004；Mayer 等[45]，1995；Gefen 等[64]，2003；Vance 等[65]，2008
			我意识到猪八戒网上这些客户是可信的	
	构成型	3	我感到大多数的供应方擅长他们的工作	
			我感到大多数的供应方不仅仅在意他们自己的利益也在意客户的利益	
			我觉得在互联网上进行交易没有问题，因为这些供应方通常会遵守协议	
未来合作意愿（CMT）	反映型	3	在未来我们和服务商的关系是我们一直努力的事情	Goo 等[106]，2009；Goo，Nam[258]，2007
			在未来我们会致力于保持一个和服务商的良好关系	
			我们和服务商的关系值得我们的付出来在未来得以维持	
			我们珍视和这些服务商们的长久商业合作关系	

关于关系治理的测量模型设定,为了最大程度的保证内容效度,本研究突破了四种常见的二阶构念模型设定方法,如图 5-8 所示。二阶关系治理包括三个维度,分别为关系准则、和谐冲突解决和相互依赖。而关系准则被处理成构成型指标变量,包含灵活性、团结和信息沟通三个指标。RG1、RG2 和 RG3 为关系治理的三个 MIMIC 模型反映型指标。

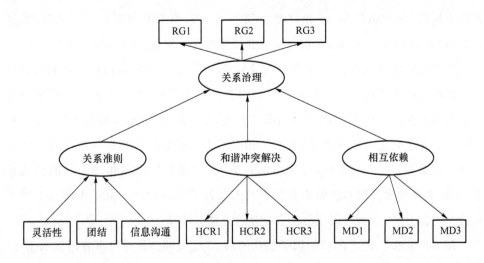

图 5-8 关系治理 MIMIC 测量模型

5.4 样本与调研过程

问卷发放同样在猪八戒网上进行。本次调研针对的买方即发包方,因此,问卷的发放要得到网站用户的配合。为了保证问卷结果的真实性,我们采取了实名认证和有偿参与的方式。到最后其回收有效问卷 175 份,其中,男性占 63.1%,女性占 36.9%。年龄在 20 岁到 30 岁的占大多数,达 42%;86.5% 以上具有大专以上学历。对于问卷的内容效度控制我们采取了与第 4 章相同的方法。

5.5 数 据 分 析

本文采用了 Smart PLS 2.0 软件来对结果进行分析[222,223,238]。如前文所述,PLS 可以同时处理反映型指标和构成型指标,易于解释结构模型的估计结果。

5.5.1 测量模型

内部一致性信度、收敛效度和区分效度是评估反映型指标测量模型的三个重要指标[222,238]。在表 5-2 中我们给出了对组成信度、平均变异萃取量和 Crobach Alpha 的详细结果。结果表明,除了关系治理的反映型二阶指标外,具有反映型指标的变量的 Cronbach Alpha 信度系数均大于 0.7，具有良好的信度。同时，通过 PLS 对指标结构进行检验，发现各变量的平均编译萃取量（AVE）均大于 0.5。

为了检验区分效度，我们进行了如下检测。首先，每个测量指标在所属的潜变量上的载荷要大于这个测量指标在其他潜变量上的载荷，本章的各测量指标的交叉载荷均满足这一要求，如表 5-3 所示。其次，本章采用 Fornell 和 Larcker 建议的 AVE 法，通过对比各构念内 AVE 平方根是否大于构念间的相关系数以检验区别效度。从表 5-2 中可以看出，各构念内的 AVE 平方根均大于各构念间的相关系数，上述测量结果说明本次调研的数据具有较好的区分效度。由于本模型采用了构成型的测量指标，所以因子分析的方法在这里并不适用。

图 5-9 显示了 PLS 的指标因子载荷结果，发现反映型指标里只有指标 RG1 没有大于 0.7，根据前文提到的反映型指标检验标准，在估计结构模型时，指标 RG1 应该被剔除掉。为了检验 MIMIC 模型的使用和测量指标，我们同时也使用了没有删除指标 RG1 的测量模型对结构模型进行估计，详细结果见附录 3。

表 5-2 内部一致性信度、收敛效度和区分效度

	组合效度	AVE	Crobach Alpha	IM	CC	ERG	CMT	MD	HCR
IM	0.867	0.686	0.771	0.828					
CC	0.847	0.649	0.746	0.348	0.805				
RG	0.848	0.583	0.748	0.596	0.412	0.793			
CMT	0.841	0.637	0.720	0.508	0.481	0.674	0.798		
MD	0.835	0.630	0.709	0.566	0.356	0.628	0.617		
HCR	0.882	0.720	0.800	0.569	0.464	0.629	0.594	0569	

表 5-3 载荷和交叉载荷

	IM	CC	RG	CMT	MD	HCR
IM1	0.771 376	0.325 333	0.478 178	0.377 868	0.479 382	0.405 610
IM2	0.858 492	0.206 556	0.531 817	0.451 402	0.470 526	0.525 943
IM3	0.852 529	0.219 777	0.466 836	0.428 746	0.459 544	0.473 063
CC1	0.243 874	0.760 920	0.272 226	0.243 874	0.184 318	0.315 781
CC2	0.390 946	0.855 639	0.451 942	0.390 964	0.441 559	0.504 086
CC3	0.142 157	0.798 519	0.202 783	0.142 157	0.145 912	0.236 366

续表

	IM	CC	RG	CMT	MD	HCR
RG1	0.246 152	0.317 970	0.648 974	0.354 182	0.433 046	0.271 717
RG2	0.341 232	0.216 699	0.706 233	0.535 985	0.556 539	0.641 449
RG3	0.546 548	0.434 795	0.854 175	0.523 977	0.441 298	0.461 711
CMT1	0.319 581	0.221 823	0.520 684	0.776 584	0.438 269	0.408 675
CMT2	0.396 079	0.251 130	0.561 398	0.819 632	0.481 215	0.444 602
CMT3	0.478 404	0.343 351	0.534 144	0.798 325	0.432 844	0.483 775
CMT4	0.333 362	0.424 589	0.511 755	0.774 815	0.542 957	0.482 245
MD1	0.470 054	0.302 646	0.599 203	0.537 373	0.861 744	0.566 956
MD2	0.384 170	0.229 318	0.385 447	0.451 212	0.760 711	0.239 079
MD3	0.487 628	0.307 678	0.475 239	0.497 282	0.754 030	0.488 054
HCR1	0.473 839	0.350 430	0.465 829	0.491 639	0.409 319	0.771 736
HCR2	0.417 917	0.391 640	0.512 507	0.462 277	0.501 658	0.859 031
HCR3	0.547 098	0.430 766	0.608 122	0.550 417	0.524 043	0.902 367

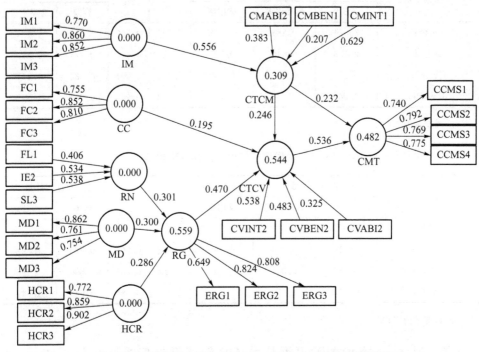

注：IM为网站机制；CC为定制合同；CTCM为买方对平台的信任；
CTCV为买方对供应方的信任；RG为关系治理；CMT为未来合作意愿度

图 5-9　PLS 指标因子载荷结果

对构成型指标和反映型指标的区分检验越来越多地受到了信息系统学者的关注。本文用 Cenfetelli 和 Bassellier[228] 的构成型指标验证方法对信任指标做了路径系数、VIF 和冗余分析等验证。其中对供应方的信任和对平台的信任的多重共线性检验结果如表 5-4 和表 5-5 所示。VIF 均小于建议值 3.3,所以多重共线性检验结果较好。

从表 5-5 可知,对供应方的信任的维度之一善意的 t 值为 1.284,没有达到显著性要求。对于删除构成型测量指标的方法以往的研究并没有达成一致的意见,虽然有学者坚持认为内容效度应该是构成型指标的关键标准,但是 Cenfetelli 和 Basellier 的构成型指标检验标准已被认为是必要的步骤,其中重要的就是 t 值检验。为此,本文对两种结果做了验证,关于去掉善意指标的结构模型估计结果详见附录 4。

表 5-4 对平台的信任指标 VIF 检验

模型 1	非标准系数		标准系数	t	Sig	共线性统计量	
	B	标准误差	试用版			容差	VIF
(常量)	2.324	0.283		8.205	0.000		
CVINT	0.126	0.040	0.201	3.120	0.002	0.776	1.289
CVBEN	0.150	0.046	0.199	3.299	0.001	0.884	1.131
CVABI	0.285	0.042	0.453	6.743	0.000	0.715	1.399

注:因变量为 CTV。

表 5-5 对供应方的信任指标 VIF 检验

模型 1	非标准系数		标准系数	t	Sig	共线性统计量	
	B	标准误差	试用版			容差	VIF
(常量)	2.915	0.316		9.239	0.000		
CMABI	0.315	0.064	0.391	4.918	0.000	0.628	1.592
CMBEN	0.052	0.041	0.087	1.284	0.201	0.866	1.155
CMINT	0.132	0.053	0.194	2.475	0.014	0.646	1.549

注:因变量为 CTM。

综上所述,本章的测量模型显示了比较满意的信效度结果。Albers 和 Hildeberandt[259] 比较了原始量表和根据检验规则删减后的量表两组数据的模型结果,发现删减后的量表对结构模型的解释略有偏差。所以这点上,反映型指标和构成型指标也体现出了本质的差异。

5.5.2 结构模型

1. 主效应分析

结果如图 5-10 和表 5-6 所示,买方对平台的信任和买方对供应方的信任的路径系数为 0.246($p<0.05$),假设 H1 成立。网站机制和买家对平台的信任的路径系数为 0.556($p<0.001$),假设 H2 成立。

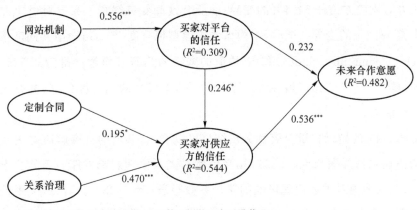

注:*表示在0.05水平显著,***表示在0.001水平显著

图 5-10 假设检验路径系数结果

定制合同和买家对供应方的路径系数为 0.195($p<0.05$),故假设 H3 成立;关系治理和买方对供应方的信任的路径系数为 0.470($p<0.001$),故假设 H4 成立。

买家对平台的信任和未来合作意愿的路径系数是 0.232($p>0.05$),故 H6 不显著;买家对供应方的信任和未来合作意愿的路径系数是 0.522($p<0.001$),故 H7 成立。两个控制变量经验和任务复杂度均对信任没有产生显著性影响。

表 5-6 假设路径结果

假设路径关系	自变量	因变量	t	结论
H1	买家对平台的信任	买家对供应方的信任	2.203	得到支持
H2	网站制度	买家对平台的信任	7.851	得到支持

续表

假设路径关系	自变量	因变量	t	结论
H3	定制合同	买家对供应方的信任	2.050	得到支持
H4	关系治理	买家对供应方的信任	5.028	得到支持
H6	买家对市场的信任	未来合作意愿	1.760	未得到支持
H7	买家对供应方的信任	未来合作意愿	4.212	得到支持

R^2值反映了结构模型中变量能被解释的程度,也反映了模型的预测能力。由结果可知,买方对市场的信任被解释了30.9%的变异;定制合同和关系治理共解释了买方对供应方信任54.4%的变异;而所有这些变量解释了买方对供应方未来合作意愿48.2%的变异。同时,本模型的主模型拟合度[260](GoF)由共同度指数均值(average community index)和R^2均值的乘积的几何平均数求得为0.529,大于Wetzels等[261]提出的建议值0.36。由此可见,本模型的拟合度良好,具有较强的整体预测能力。

从图5-11的指标权重显著性分析结果可以看出,和谐的冲突解决对关系治理影响的路径系数显著($t=4.005$);相互依赖对关系治理影响的路径系数显著($t=2.623$);关系准则对关系治理影响的路径系数显著($t=2.088$)。可见,关系治理的三个维度在自身构念的重要性程度上,和谐的冲突治理影响最大,相互依赖中等,而关系准则较弱。

2. 交互效应分析

由于以往的研究对合同治理和关系治理有不同的结论,我们也需要对众包环境下定制合同和关系治理对信任的交互作用进行分析。由于信任在本研究中被看作一阶构成型指标,所以我们采用了Bagozzi和Fornell[235]的加权求和的方法。关于各指标对买家对供应方的信任的权重如表5-7所示。在得到一阶指标标准值之后,我们运用SPSS 17.0的简单回归模型对定制合同和关系治理的交互作用进行了分析。我们的结果表明,定制合同和关系治理没有显现出交互作用,结果如表5-8所示。由于Smart PLS 2.0也提供了计算交互效应的功能,我们用PLS对交互作用进行检验以后发现结果没有出现差异,Smart PLS 2.0检验交互作用的结果详见附录5。所以,可以得出结论,H5没有得到支持。

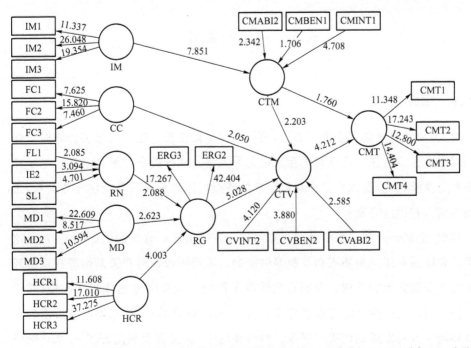

注:RN为关系准则;MD为相互依靠;HCR为和谐冲突解决;ABI为能力;BEN为善意;INT为正直

图 5-11 结构模型结果和指标权重显著性

表 5-7 买方对供应方的信任构念权重和 t 值

指标路径	外部权重	t
能力 → 买家对供应方的信任	0.357	2.585
善意 → 买家对供应方的信任	0.416	3.880
正直 → 买家对供应方的信任	0.563	4.120

表 5-8 交互作用结果

变量	标准系数	t	Sig
定制合同	0.344	1.407	0.161
关系治理	0.905	3.987	0.000
定制合同 X 关系治理	−0.314	−0.821	0.413

5.6　讨论与结论

5.6.1　结论

首先,网站制度会直接吸引买方,使买方产生信任感。这一信任感会同时增强他们对供应方的信任。这点对平台来说尤为关键。现行的众包平台多借用电子商务平台交易模式,但是也要根据众包服务的特点加以改良以满足众包任务交易,更好地为买方和供应方服务。

其次,定制合同和关系治理对买方对供应方的信任都有正面的影响。但是,这两者并未体现有相互增强或相互削弱的影响。这意味着合同和关系治理在众包环境中需要受到同等的重视。定制合同体现了供应方服务的专业性和严谨性,对于规避在网络环境中的风险有重要意义。另一方面,在众包环境中,供应方要重视在虚拟环境中为买方提供优质的服务。网络环境中,供应方要利用好 Web 2.0 网络工具做好合同制定和关系维护工作,做到与买方的即时沟通和互动。

对于关系治理自身的维度而言,和谐的冲突解决显示出了最重要的影响,需要市场、买方和供应方在交流过程中加以重视。和谐的冲突解决会帮助交易双方感到交易过程的公平和公正。不管这种制度来自网站,还是来自合同或者交付作品过程中的服务,和谐的冲突解决方式都会让交易方感受到彼此的正直和善意,帮助改善关系治理的程度进而增强信任感。虽然网络交易使得相互依赖和关系准则的重要性降低,但是相互依赖表明了双方合作的关系程度。关系准则表明了利用互联网渠道进行信息沟通和保持服务灵活的必要。这在关系治理的过程中,也需要交易双方重视。同时,网站也可以设定相应的机制协助交易双方的关系治理。

最后,未来合作意愿取决于对供应方的信任,而与预期相反,对平台的信任并未起到决定性作用。这一结论初看貌似有悖常理,但是却有助于提高对众包平台的认识。尽管众包平台建立机制,起到牵线搭桥的作用,为买方和供应方提供了交易环境,但当市场成熟以后,如果需要留住买方还需供应方提供满意的服务。这也对平台提出了更高的要求,在建立交易机制的同时,也要设计合理的网站制度留住优秀的供应方,优胜劣汰,众包平台运营才能得以长久。这与之前的网站制度的分类不谋而合,之前的网站制度有供应方独立性(vendor-independent)和供应方专属性(vendor specific)的区分,这说明网站制度的落脚点由自身发展的需要最后落在了保护供应方和买方权益的基础上,反而增加了自身网站的用户数。

5.6.2 不足与展望

本章对众包平台中的信任关系进行了描述和拓展,并用实证方法验证了模型。本章研究还存在一些不足之处,未来还可以从以下几方面进一步深入研究。

(1) 本章的模型对信任这一构念采用了一阶构成型的测量方式,未来的研究可以采用二阶或者高阶方式。一阶和二阶测量模型的侧重点不同,二阶模型更能看出每一个维度对构念本身的贡献度,所以能力、善意和正直这些信任维度的影响可以在未来的研究中继续探讨。同时,对于信任和网站制度这样的变量的测量可以从网站上采集信息以建立计量模型进行研究。

(2) 本章仅采用了一家众包平台作为受测对象,模型结果的外部效度难免受到局限。未来的研究可以考虑多家市场数据的对比,以使得模型结果更具有普遍适用性。同时,由于本章的测量模型来自成熟的外文文献,由于社会文化和商业环境的差异,中国的众包平台与西方的众包平台间也难免出现差异。跨文化间的比较也会为中国众包平台的运营提供建议。

(3) 本章只考虑了买方角度的信任,而在众包平台中,信任应该是相互的,供应方对买方的信任也是值得探讨的学术问题,可以在日后加强此方面的研究。相互信任(mutual trust)被认为是联盟绩效的重要因素[262]。一个成功的持久的基于相互信任的关系在众包平台中会改良买方和供应方的关系质量。

本 章 小 结

外包关系中的关系质量在信息系统领域受到了学者们的关注,而众包平台能否帮助买家和供应方形成长久的持续的合作关系是值得探讨的。基于以往研究中对信任的定义和测量维度的回顾,本章选取了能力、善意和正直三个指标作为信任的构成型测量模型。同时,对于关系治理的测量模型选取了复合构成型和反映型指标的多原因多指标测量模型来构建众包平台买方对供应方的信任和未来合作意愿的实证模型。本章详细介绍了 MIMIC 模型的使用,并对信任构念用 MIMIC 模型验证了测量模型的有效性。

  本章选取了国内一家知名的众包网站进行数据收集,并且通过 Smart PLS 2.0 软件进行调研数据的分析,我们发现买家对供应方关系的维系取决于交易完成后买家对供应方的信任关系,而不依赖于买家对市场的信任关系。在关系治理的测量模型中,和谐冲突解决起到关键作用,相互依赖次之,关系准则最弱。这对众包平台环境下的关系治理机制提供了一定的参考建议。

  本章的研究中并没有发现关系治理和定制合同的交互作用,这与以往研究的结论不符。早期的研究多从替代性和互补性的角度探讨关系治理和合同治理的关系,后期的研究多认为者两种情况在不同时期可能同时存在。但是在众包平台环境中,网络交易的特点使得关系治理的结构发生了变化,同时又增强了建立合作关系时签订合同的重要性。这一问题值得我们继续加以探讨。

第6章　基于信任理论的研发众包平台构建的案例分析

6.1 引　　言

众包中介市场模式在中国取得了蓬勃的发展,而如作者在第 2 章中对中国众包平台现状的分析,研发众包平台在中国还没有发展成熟。对于中国而言,亟须这样的众包服务平台帮助企业通过引入研发外包提升自身技术能力。

研发众包是众包的高端领域,是指企业将价值链上研究开发这一环节的部分或全部外包给外部相应的做研究开发比其效率更高、成功率更高的技术源供给者,合理并充分利用内外部资源,实现企业利润的最大化,同时增强企业自身的竞争力。这里的技术源供给者包括供应方、大学、研究机构、竞争对手、行业协会等有技术能力和创新能力的外部资源。研发众包平台主要包含的任务类型以新产品、新技术和新工艺为主要特征,分布在软件业、制造业和生物医药业等产业。其主要特点为:(1)创新性强;(2)交易金额大;(3)复杂程度高。

国内对研发外包的接受和研究已经较为普遍,如吴清和刘嘉[263]从交易成本理论的角度出发,基于新古典经济学的理论方法,从理论上验证研发外包的合理性,同时指出网络技术将有效提高研发外包的交易效率,是企业在专业化生产基础上提升竞争力的一种战略行为。谢庆华和黄培清[264]指出企业进行研发外包时要考虑几点重要因素:(1)技术的核心度;(2)技术的成熟度;(3)技术发展的不确定性;(4)企业技术能力和竞争对手的差距;(5)企业技术能力和外部技术能力的战略互补性。基于对研发外包的创新风险的分析,他们提出了研发外包的管理框架,如图 6-1 所示,信任、声誉和法律机制是有效的关系治理手段。

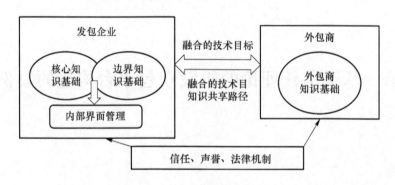

图 6-1 研发外包的管理框架

黄波等[265]学者证明了在研发众包中合同双方均存在道德风险,于是设计了产出分享加固定转移支付的新混合支付方式。伍蓓等[266]阐述了创新型和效率型研发外包强度与绩效的关系在动态环境中的表现。刘丹鹭和岳中刚[267]以中国自主品牌汽车奇瑞和吉利为案例,深入研究了发展中国家企业如何通过逆向研发外包发展自主技术能力的过程,提出逆向研发外包是发展中国家企业成长的一种战略选择。国内学者对研发外包本土化特征和应用做了有益的探索和研究,如何将这些研究成果有效地与互联网环境结合起来进而推动研发众包的发展成为新的挑战和研究问题。

所以,本章从信任构建的角度出发,运用案例分析的方法,就中国研发众包平台的构建进行了探讨。最后,基于案例分析结果,对研发众包平台的信任增进机制设计给出了理论建议。

6.2 研究背景

6.2.1 欧美研发众包案例

以开放式创新为基础的研发众包以一种开放和动态的创新模式融入全球经济链条,改变着全球范围内的创新动态。这里我们首先介绍欧美市场上两个成功的

第 6 章　基于信任理论的研发众包平台构建的案例分析

研发众包平台案例：美国的 InnoCentive 和欧洲的 Exchangeplace。

InnoCentive 网站总部位于美国马萨诸塞州的沃尔瑟姆市，是美国制药企业 Eli Lilly 于 2001 年设立的电子商务公司，现在财富 500 强中的多家企业已把 InnoCentive 当作拓展解决问题思路的阵地。这个网站将全世界的科学家和创新企业亟须解决的研发难题连接在一起，这样发布任务的公司就可以和全球的科学家和专业人士联系，获得他们的智慧才能，而无须将所有的科学家雇佣到公司旗下做全职的工作。公司（即买方）可以在 InnoCentive 网站（图 6-2）上匿名张贴研发过程中遇到的各种难题，然后全世界的科学家递交给他们解决方案，通过投标的方式获得报酬，从 5 000 美元到 10 万美元不等。InnoCentive 自开创以来，一直以研发及创新类任务为特征处于市场领先地位，目前，已经有来自 200 多个国家不同领域的 30 多万名人士注册。平台上发布任务数虽然只有 1 600 多个，但是总价值近 4 000 万美元。

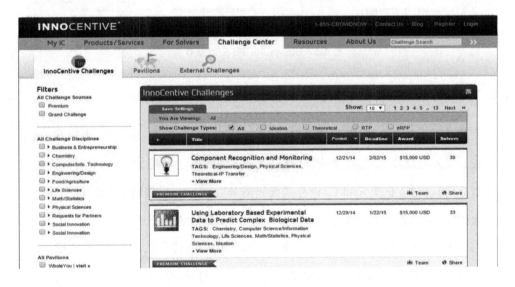

图 6-2　InnoCentive 网站任务中心

在欧洲，Innovation Place（图 6-3）是一个类似于 InnoCentive 的研发众包平台。其运营团队在欧洲已经有超过 30 多年的创新管理经验，他们的客户超过 3 000 个，项目分为欧盟、欧洲国家级和地方级三类。Innovation Place 每年的 R&D 悬赏金额大约有 1 400 多万欧元，其中 80% 以上的项目能够获得圆满成功；

另外，每年成功地支持100多项大学及科研机构研究成果的技术转移项目。

图6-3 Innovation Place网站首页

6.2.2 中国创新体系视角下的众包

经济合作与发展组织（OECD）2014年的报告[268]指出，在2012年，中国在R&D领域的投入额超过2 570亿美元，已经仅次于美国的年投入额3 970亿美元。欧盟和日本分别以2 820亿美元和1 340亿美元紧随其后。同时，根据国家统计局《中国创新指数研究》课题组发布的数据，2020年，我国R&D经费投入达24 393.1亿元，比2019年增长10.2%，投入强度在世界主要经济体中的排位已从2016年的第16位提升至第12位，接近OECD国家平均水平[269]。可见，研发与创新在中国的经济发展过程中发挥着越来越重要的作用。

清华大学技术创新研究中心和社会科学文献出版社联合发布了《国家创新蓝皮书：中国创新发展报告（2014）》，指出制约中国创新的三大问题分别是创新成果支撑不力、企业创新能力不足和高端创新人才缺乏。为此，中国要成为全球的创新强国，应大力支持在科技前沿和基础科学方面的研究及相应人才的培养，大力提升基于核心技术的企业自主创新能力,重视开放与协同创新。互联网众包模式用较短的时间经历了从兴起到发展成熟的阶段。近两年,随着信息技术和网络经济的进一步发展,互联网众包的发展使社会的创新模式也凸显出新的特点和趋势,具体表现如下。

(1) 开放式创新和协同式创新

自哈佛大学 Chesbrough 教授于 2003 年正式提出开放式创新一词以来,以美国为首的发达国家广泛研究并提倡开放式创新。开放式创新的核心思想在于在知识全球化分布扩散的时代,企业不仅应依靠自身的研究力量,更应该打破组织边界,从企业外部获得创新资源。众包模式已实现了真正意义上的开放式创新,众包模式可以集结各领域的创新资源。以 InnoCentive 为例,发展至今,网上公开的科研难题已达数千个,有 120 多个国家的 30 万名科研精英在此注册,许许多多的企业在此找到了他们梦寐以求的科研难题的答案。

而随着众包模式的多样化发展,协同式创新也逐渐成为众包的典型特征。协同式创新是指多元主体协同互动的网络创新模式,知识创造主体和技术创新主体间进行深入合作和资源整合。通常情况下,创新主体间拥有共同的动力,依靠信息技术构建资源平台进行多方位交流和多样化协作,进而完成共同的目标。由于众包任务的可分解性和不确定性等特点,已有的众包主体"单打独斗"的模式往往不能达到专业服务的理想效果。因此,更多情况下的协同式创新成为新的趋势。在协同式创新的系统中,众包主体可以自发完成任务分配,找准参与目标,从而达到事半功倍的效果。王姝等[270]从资源协同、运营协同和价值协同三个维度解构众包中介服务平台的协同创新模式,并探究不同产业和任务类型对众包协同效果的调节作用,同时构建"众包平台服务——个体、组织协同——协同效果"的平台运作机制模型和利用大众群体智慧实现开放式创新途径,寻求避免平台"有市无场"的信息交换,并能够实现有效知识服务之切实可行的方法和路径。

现代社会分工越来越细,个人掌握的知识越来越专,面临的问题或任务却越来越复杂,这种情况下,个人已经很难胜任跨专业跨领域的创意创新任务。通过网络环境下复杂任务的分解与集成机制,利用开放性社会人才资源,实现多专业虚拟团队协作完成复杂任务,实现创新资源的整合,这样能在很大程度上提高社会的整体创新水平。

(2) 重视大众力量作为创新主体的作用

越来越多的众包服务符合梅斯特认为的专业服务工作应该具有的两个特殊要求:首先,专业服务工作是高度定制化的;其次,在多数专业服务中,都有大量与客户面对面互动的活动,必须精心管理,也就是说,在提交产品的过程中客户会更多地参与到专业服务当中来,提出比传统服务更为严格的要求。

互联网的便捷使得众包调动了最广泛网民的参与积极性,这些人中虽不乏专业人士。但更多的是某一方面的爱好者,他们参与的目的可能纯粹是觉得任务有趣,为了分享和提高技能,从而获得一定的收入和自我满足。因此,在众包模式下,专业服务是由大量非专业的人士来提供的,在这里,大众的力量战胜了精英。

(3) 大数据时代的众包

世界已进入网络化的大数据(big data)时代。大数据的发展对人才提出了新的要求。这让众包和大数据产生了交集。Lionbridge 副总裁 Martha Crow 在接受《信息周刊》电话采访时说道"当我们想到大数据的时候,我们就想到众包。"如上所述,科学研究经历着开放式创新和协同式创新的阶段。而当下,以互联网为平台的发布模式打破不同学科之间的藩篱,使得协同合作解决以互联网为基础的大数据难题成为趋势。因此,公开竞赛、数据开放等众包模式就成为了解决大数据科学领域问题非常有效的方式[271]。

2013 年的"首届阿里数据平台创新大赛"是由阿里数据创新平台大赛组委会发起并主办,由第 9 届复杂网络大会组委会和阿里研究中心联合承办的全国性互联网数据平台创新大赛。参赛团队不仅需要在规定时间里给出指定数据集的命题和处理方法,进而在"阿里云"平台进行分析和计算,还需要在给定时间内完成自主命题,并参与数据创新大赛评奖。本次阿里数据平台创新大赛的数据样本是一个真实的大规模阿里旺旺数据集,即 2011 年 11 月份 10% 的阿里旺旺通信记录,文件解压缩前有 2.8 GB,文档类型是 CSV 格式,总的记录数为 1.3 亿条。

尽管研发众包推动了中国创新模式的变化,但由上述实例分析可知,现有的众包创新活动多由企业牵头,没有形成规模效应,很多没有开发实力的企业无法解决自身发展中遇到的难题或者无法通过外包释放内部研发压力。综上所述,中国创新模式发展的机遇和挑战为研发众包的开发提供了现实基础。

6.3 相关理论分析

6.3.1 众包与开放式创新

在开放式创新的新模式下,企业的技术创新是一个开放的、非线性的活动过程,创新可以跨越企业的传统边界,不再完全依靠自身的力量。开放的本质是外部创新资源的获取和利用,强调企业对内外创新资源的有效整合。"开放式创新"的概念最早由哈佛商学院教授 Henry W. Chesbrough[272]于 2003 年 5 月在《开放式创新》一书中提出。从时间上,Chesbrough 认为 20 世纪的创新为一种封闭式创新,而将 21 世纪的创新称为开放式创新[273]。该模式指企业发展新技术时可以同时利用企业内部和外部两条市场通道将企业内、外部所有创新资源集成起来创造价值。开放式创新强调外部知识资源对于企业创新应用的重要性。企业除了将创新的目标寄托在传统的产品经营上,更应该积极寻找外部的合资、技术特许、委外研究、技术合伙、战略联盟或者风险投资等合适的商业模式来把创新思想变为商业现实,以尽可能多地为企业创造收益。因此,开放式创新强调组织的"无边界化"。

众包模式被提出来以后,有学者指出众包与开放式创新属于同一创新范式[274],区别是开放式创新强调创新过程,而众包强调企业与创新大众的关系[275]。也有学者认为开放式创新是众包的一种表现形式[276]。国内学者韩清池和赵国杰[277]认为开放式创新与众包并不是一种简单的隶属关系。他们认为众包的商业性活动可分为日常任务、创新活动和信息内容;而开放式创新根据知识获取的方向可以分为流出型和流入型,如图 6-4 所示。他们提出了基于众包的开放式创新(crowdsourcing-based open innovation)的概念:"以创新为导向的企业借助开放网络通过公开招标的方式把任务外包给非特定群体的创新模式"。陆丹和徐国虎[278]把基于众包的开放式创新模式定义为企业通过互联网平台大众参与者的知识与创意进行产品创新或者服务创新。

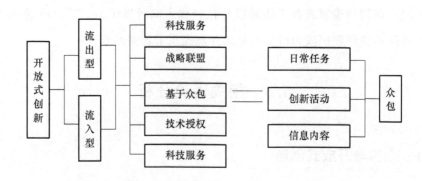

图 6-4 开放式创新与众包的关系

6.3.2 社会信任环境

信任环境历来是社会学家关心的问题。从社会学的角度，Luhmann[279]把信任分为"人际信任"和"制度信任"，这两者的基础不同。人际信任的基础是人与人之间的熟悉度和感情联系；而制度信任的基础则是社会规范、准则、制度。中国的社会学家费孝通[280]把这种现象描述为以农耕文明为典型的"血缘"关系和以商业文明为典型的"地缘"关系。中国自古以来是以农业人口为主的伦理化的关系社会，由此形成的关系信任成为人与人之间行为处事的基础。西方文明则不同，由于农业无法满足其自身需求，西方社会的持续发展更多地需要与陌生人进行商品交换，这就是费孝通所言的以地缘关系为纽带的契约商业环境下形成的制度信任。从中外信任度比较的角度，有研究指出中国从总体上来讲与西方国家相比属于信任度较低的国家[281]。从个人主义和集体主义的理论出发，Huff 和 Kelley 的研究发现，与美国和德国相比，中国是一个低信任度的国家[282]。

在中国与信任关联度较高的一个概念是关系。关系[283,284]被定义为长期维持的人际关系和非正式的社会网络，其中一个重要的维度是信任度。随着中国改革开放的深入及商品经济的改革，人们对互联网模式的接受度也越来越高。有学者认为在互联网时代网络上悄然兴起了一种"快速关系"。Ou 等[285]以淘宝网的阿里旺旺、收信箱和互评机制为例，认为一些有效的在线网络交易市场可以通过机制设计的方式帮助买卖双方建立起类似于实际生活中的"快速关系"，作为网络交易的润滑剂。这种快速信任从线下移至线上，对买方的重复购买行为和持续使用网站行为等产生了重要的影响。Guthrie[286]在中国采访了150余名政府和企业管理人员,通过对中国在转型期的经济现象的调查,认为关系纽带在商业活动中的作用已经越来越小。随着中国经济的发展,质量和价格本身成为合同签订的根本标准,理性成熟的法律体系也在逐渐建立,逐渐取代关系的作用。总之,信任作为一个中国情境下特殊的因素将会影响众包平台的建立。

社会存在理论(social presence theory)被用于解释网络情境下的信任构建。社会存在理论解释社会情境如何影响网络中介的使用,即网络中介如何让参与者从心理上感受交易对方在网络空间的存在感[287,288]。在任何一个网络中介上,社会存在度的评价或高或低,而对社会存在的高感知度可以促进信任的构建[68]。

6.3.3 研发众包平台开发情境下的三方信任

研发众包平台开发情境下的信任维度不仅仅包含接包方和发包方的相互信任,除了相互信任之外,还应包含发包方和接包方对平台的信任,如图6-5所示。Svensson指出三方信任是一个动态的构念,其结果取决于三方交易网络中三个参与主体的相互认知。研发众包平台开发情境下有三个参与主体:发包方、接包方和众包平台。因此,三方关系的实质涉及六组信任关系,若要理解研发众包情境下的信任关系,则需要将这六组关系组合起来系,即将发包方对众包平台的信任、发包方对接包方的信任、接包方对众包平台的信任、接包方对发包方的信任、众包平台对发包方的信任、众包平台对接包方的信任结合起来。在此情境下,发包方、接包方和众包平台都可以是信任者或被信任者。

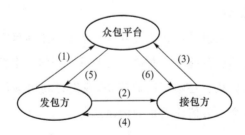

图6-5 众包平台开发情境下的三方信任关系

首先,发包方和接包方必须对研发众包平台产生信任。众包平台可以以多种方式促进外包关系和交易,但是研发众包平台的主要功能之一是帮助接包方和发包方建立对市场本身的信任。为了减少不确定性和感知风险,研发众包平台不仅需要提供公平、开放的交易规则还需要提供可靠、安全的环境。如果没有信任,发包方和接包方不会接纳市场而入驻市场,更不会有后续的外包业务和交易的产生。

其次,发包方和接包方之间要建立相互信任关系。在互联网情境下,接包方和发包方有可能是陌生的,没有任何的交易历史,甚至来自不同的社会,拥有不同的文化背景。他们之间仅仅通过信息技术和市场的中介作用建立联系。之前的研究也证明了这一信任关系的重要性。例如,黄波等证明了基于现有的固定支付、产出分享和混合支付等传统利润分配的方式,研发外包的合作双方存在告知虚假私人信息或者降低工作努力程度的道德风险。谢庆华和黄培清在文章中分析了研发外包双方建立信任关系的两点重要原因:第一,研发外包合同的不完全性要求接包方和发包方必须愿意随着对方的组织战略调整而实时调整自身的服务内容和标准,如果仅靠合同规范而没有信任机制,调整行为的代价较高、效果迟缓;第二,研发外包发包方和接包方以隐形知识获取为主,而共享知识与泄露知识之间的界限在没有信任的机制下很难把握,因此,信任是合作双方知识共享的基础。此外,从信任的维度看,发包方要信任接包方的能力、善意和正直等特征;相反地,虽然发包方不需要证明能力,但是善意和正直也是值得接包方信任的必要因素。要建立发包方和接包方的信任,基于制度的信任和信任转移理论在研发众包平台开发的情境下同样有效。

最后,作为一个中介,研发众包平台本身需要信任其用户。例如:注册接包方的胜任力代表了其工作的能力和效率;而任务的发包方需要公平公正,兑现自己的诺言,支付给接包方报酬。

总之,发包方、研发众包平台和接包方这三个参与主体都需要互相信任才能够使这个动态的系统成功运营起来。而这六组关系中任何一个信任关系的缺失都会导致研发众包系统的失败。在本章的研究中,我们将利用案例分析的方法在中国的特殊情景下探讨这个三方信任关系的构建。

6.4 研究方法

案例研究已经成为信息系统领域的重要研究方法之一[289]。作为一种实证性研究方法,案例研究专门用来研究当前现实环境中的现象,尤其适合研究那些与所处情境没有明显界限的一类现象,特别是对某一领域理论知识积累还很有限的研究[290]。案例研究方法擅长回答的问题类型是"怎么样(how)"和"为什么(why)",研究的对象是正在发生的事件,研究者对所研究的事件无法控制或极少能控制,但是参与者的经验至关重要[291-293]。

本章采取的是探索性案例研究的方法。探索性案例研究在分析案例前无须设定明确的理论假设,但是必须建立严格的理论分析框架[294]。所以,探索性案例研究侧重于理论构建而不是理论验证。探索性案例的研究策略是一种定性归纳法,最终将案例故事转化成理论元素[295]。

6.5 案 例 介 绍

6.5.1 案例背景介绍

上文介绍了欧美成功的研发众包平台案例,为了在中国发展研发任务众包平台,我们通过试验平台cs.com开展了案例研究。我们把cs.com定位为一个社会开放型的人力资源承接科技或创新招标项目平台,为企事业、政府和个人提供基于网络的科技创新项目众包的机会,同时为网络注册或者自发形成的创新团队提供网络协同工作环境解决平台上所发布的项目并赢取酬金。

本选取了cs.com的两个典型众包案例(一个成功案例,一个失败案例)加以详细描述,为了保证参与者的利益和隐私,本节已把真实姓名虚拟化。

6.5.2 成功案例:某市电子商务报告项目介绍

某市电子商务行业协会(下文简称协会)撰写《某市电子商务报告》。报告旨在反映XX年以来某市电子商务在各相关领域及行业的发展现状,合理分析未来发展趋势。报告的主要要求包括:(1)为政府在上海电子商务的发展工作领域提供政策性的建议,如方向性、指导性层面的建议;(2)为电子商务企业和希望开展电子商务应用的企业提供可靠参考资料,使企业充分了解所处的电子商务发展环境,对自身的企业定位与未来发展方向有较为清晰的认识;(3)能够为广大普通市民所理解，使其了解近年来电子商务发展的概况，并从中了解电子商务的基本理念。

通过协商，协会与 cs.com 达成合作意向，协会通过 cs.com 将项目众包出去，总字数不低于 13.5 万字，总共支付酬金为 22 500 元。由于报告需要在短时间内完成，所以是一种典型的需要由多人协作完成的复杂任务。在不使用网络创新的情况下，组织和协调写作团队的效率低，沟通不畅，各个部分的统一性差，可能需要大量的后期修改和整合，同时耗费的成本也高。但是通过使用 cs.com，撰写报告的效率得到了很大的提升，大家可以在同一个平台上进行沟通协商，随时进行修改，同时资金的转移也变得更规范，效率更高，减少了不必要的劳动支出。

协会在跟中标者签订合同之后，将 5 000 元首款拿给 cs.com 托管，在开标之后，发布了支付首款同意书，创新平台将首款支付给中标者，接下来在项目验收成功之后，协会发布了支付剩余款同意书，并将 17 500 元通过 cs.com 支付给了中标者，项目结束。

1. 任务发布阶段

电子商务报告项目发布阶段示意图如图 6-6 所示。

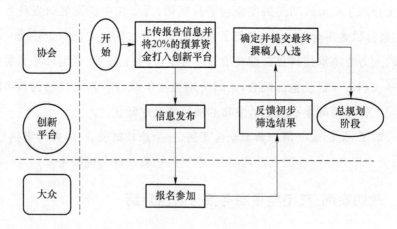

图 6-6　电子商务报告项目发布阶段

2. 基本实现阶段

电子商务报告项目基本实现阶段见图 6-7。

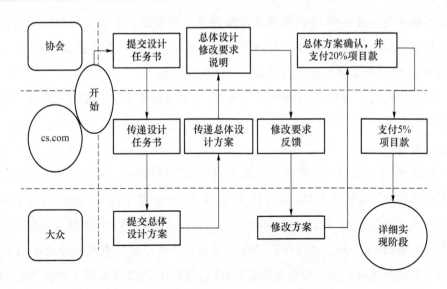

图 6-7　电子商务报告项目基本实现阶段

3. 后期整改阶段

电子商务报告项目后期整改阶段见图 6-8。

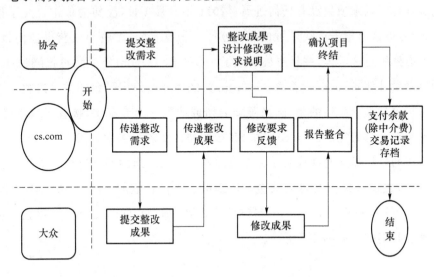

图 6-8　电子商务报告项目后期整改阶段

6.5.3　失败案例：SD 项目介绍

SD 公司是 2006 年在某省发改委的支持下成立的一家高科技企业。其主营业务包括电动汽车的生产、节约能源和新能源产品的开发。为了成为中国电动汽车市场的领头羊，它启动了电子电动汽车项目。但是对于 SD 公司而言，这是一个全新的领域，公司有必要对这个行业做一个深入的分析。

为了完成这个分析报告，SD 公司同意与 cs.com 合作，并成功在网络上发布《SD 集团电动汽车可行性分析报告》。SD 公司付给 cs.com 100 000 元的报酬来完成这份报告。

2010 年 12 月，SD 公司授权 cs.com 将任务发布到网站上，并且标价 100 000 元。为了让更多人了解这个项目，从 2010 年 12 月到 2011 年 1 月，cs.com 通过多种途径对该项目进行宣传，例如论坛、邮件等途径。在这期间，大约 20 多人提交了他们的竞标方案到 cs.com。通过评选，SD 公司最后选择让复旦大学的博士生 A 中标并承担报告的撰写工作。交易双方签订合同，约定在 2011 年 2 月 1 日到 2011 年 5 月 31 日之间完成报告。

大概在 2011 年 4 月中旬，cs.com 和 A 联系检查了项目进度，并要求她提交一半报告。但是 A 反馈，因为其他的一些工作导致她没能开始撰写研究报告，事实上从签订合同以来项目没有任何进展。2011 年 5 月 1 日，A 匆匆忙忙提交了报告的草案，并称这篇报告反映了她的最高水平。根据合同，A 将不会获得任何报酬，但是考虑到她还是学生，并且也确实做了一些工作，cs.com 给了她总报酬的 30%。这种突发事件使 cs.com 很着急。cs.com 的经理开始使用平台的关系来找能够完成这份报告的人。幸运的是，国内某知名研究所的一个专家 B，接管了这项任务，并且答应在 6 月底完成。cs.com 和 SD 公司协商要求更多的时间。

报告的最后提交时间推延了一个月左右。令人欣慰的是，SD 公司对最终的结果很满意，也没有减少支付的资金。B 获得了支付总额的 70%。2011 年 7 月 15 日，XYZ 公司执行支付。cs.com 最终没有得到中介费，同时支付任何罚款。事情的详细的时间列表如图 6-9 所示。

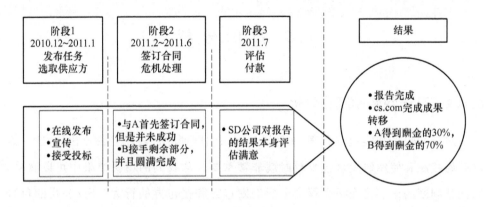

图 6-9 SD 项目关键事件发展过程

6.5.4 数据收集

本研究收集了三类数据:(1)开放式问卷;(2)档案资料,包括项目文档、备案和公司记录等;(3)网站页面材料。由于该案例在项目实施、验收和交款阶段都没有出现问题,所以我们只收集了该案例的档案资料。本章对案例的分析和探讨以失败的 SD 项目为重点,以问题为导向以求在未来避免同样的情况再次发生。

Walsham[296]指出在一个案例研究中,研究者可以承担两类角色,观察型和参与型。作者在本研究中同时扮演了这两种角色,并且参与了部分的实际工作。Meredith[297]指出,在案例研究中通常用多种方法和途径来收集数据,尽量在自然的情境中考虑当下发生的事件,不做任何操控。

我们一共发放开放式问卷 11 份。由于地理位置受限的原因,我们采取了发送电子邮件的方式。问卷对象包括 cs.com 的经理、技术总工程师、SD 公司的项目负责人、SD 项目的两个接包服务商 A 和 B,以及其他 6 家万慧网在早期推广阶段成功合作并发布其项目的公司。采访问题如附录 7 所示。

我们运用主题分析法来对数据进行分析,在定性研究中,主题分析应用较为普遍。主题分析的六个阶段是:熟悉数据、编码、搜寻关键词、回顾主题、定义主题和产生报告。因为我们是基于之前的信任理论影响理论框架对数据进行分析,所以分析脉络已经明确。

6.6 案例分析

6.6.1 基于网站制度的分析

对于发包方和接包方而言,如何通过网站制度消除怀疑建立快速信任,这一点在开始接触和使用研发众包平台时就非常重要。从我们的调研结果中可以看到,对网站制度的信心将在很大程度上影响发包方和接包方的行为。SD 公司的负责人和接包方 A 和 B 都对研发众包平台的使用产生了兴趣,但也都对一个没有经验的 cs.com 的运营表示了担忧。由于 cs.com 尚处于试运营阶段,并没有成熟的网站机制做保障,所以不能很好地吸引用户参与,也不能很好地保障交易双方的利益。SD 项目分析典型引用举例见表 6-1。

表 6-1 SD 项目分析典型引用举例

调研对象	典型引用
SD 公司的负责人	"通常情况下,我们更愿意把外包任务交给我们认识的或者是我们曾经合作过的对象;对于我们而言,接受新的(研发众包)模式已经有挑战了,还要用它来外包我们的研发任务……" "我们需要托管一大笔资金(5 万元)在 cs.com 上,然后再等别人提交给我们结果……" "公司发展总会碰到各种问题,但是由于资源有限,并不是所有问题都能自己找到解决办法,尤其是我们这样的小城市缺乏人才。所以如果有成熟可靠的网上平台可以帮助中小企业,当然愿意尝试……"
A	"我们还是学生,如果能在平台上找到项目赚到外快当然好,前提是不受骗,别干了活拿不到钱……" "不是因为我不信任 SD 公司,也不是因为我故意拖延工期,而确实是因为我的时间出现了问题,如果不是 cs.com 的员工提醒进度,我可能什么都没完成……"
B	"我信任 cs.com 的经理,但发生这样的情况(任务没能完成需要补救)是因为网站的提醒工作没有做好……"

在接受研发众包平台的初期,信任建立主要根据基于制度的信任和信任转移理论。基于制度的信任主要是指建立在对特定环境中保障制度、安全措施认知上的信任。信任转移主要是实体间的转移和从网站向其用户的转移。

在保障制度和安全措施上，目前通用的方式有认证、第三方支付和担保等。首先，认证方式可以有效降低对接包方或者发包方身份的怀疑，目前常见的是手机认证和实名认证。其次，第三方支付与托管保证买方在收到满意的任务解决方案时才付款，目前猪八戒网使用的是"服务宝"，任务中国使用的是"任务包"。这两个支付工具分别是猪八戒网和任务中国与支付宝联合推出的产品。支付宝原为知名电子商务网站淘宝网的第三方支付平台，从 2004 年开始独立运营，向更多的合作方提供支付服务，逐渐发展为中国最大的第三方支付平台。最后，保障制度可以让发包方和接包方感觉到自己的权益在平台上得到了保护而对交易感到放心。现有的众包网站上都设置了不同的保障机制，尤为突出的是猪八戒网。从 2012 年开始，猪八戒网推出一系列雇主保障协议，如保证完成、保证原创、保证维护和双倍赔付。保证完成表明供应方会按期提交服务作品；保证原创是指作品完全由自己创作；保证维护是指三个月内无条件免费修改、解释和维护。上述任何诚信保障机制内的承诺出现问题，买方都可在有效期限内发起维权，买方可获双倍赔款。

　　信任转移的两种起到在研发众包平台上可以得以实现，如果网站制度健全，发包方和接包方信任网站，自然将信任转移至用户。另外，现有网站的一个典型做法是公开平台的合作伙伴，如 InnoCentive（如图 6-10 所示）和任务中国（如图 6-11 所示）。InnoCentive 在网站首页列出了一些网站的知名合作伙伴，如 Strategos、经济学家等；任务中国也在首页列出了在任务中国雇佣威客承接任务的大型公司，如阿里巴巴、腾讯网和迅雷在线等。根据信任转移理论，对信任对象的转移可以转移到与之相关的陌生实体上，所以，通过这种途径可以帮助加强对未知的众包平台的信任。

图 6-10　InnoCentive 首页合作伙伴连接

图 6-11 任务中国首页合作伙伴链接

6.6.2 基于合同治理的分析

我们用 Goo 等人提出的 SLA 合同治理要素来分析 SD 项目的合同,如表 6-2 所示。合同治理要素帮助规定接包方和发包方的责任和义务。从对比分析结果可以看出,SD 项目的合同仅仅体现了比较好的基础特征的要素,并没有对权变特征和治理特征提出明确的要求。尤其是在沟通计划和未来需求管理计划上的缺失致使合约并没有明确规定 A 在不履行合同或者发生问题时应承担的责任。这样就使得 A 在履行合同期间没有给予 SD 项目以足够的重视,再加上 cs.com 作为试运营的平台约束力不够,直接造成了工期的延误。除了通过 cs.com 发布任务、完成知识转移之外,其他环节并没有体现出研发众包的特殊性。

表 6-2 基于 SLA 合同治理要素的 SD 项目合同效果分析

	SLA 合同治理	关键要点
基础特征	服务级别目标	"甲方可以选择专家评标、验收,可以选择监理。由中标方完成该市场分析报告,经甲方同意后验收通过。乙方在此过程中,保证网络平台的正常运行,提供任务发布者发布任务需求和任务接收者提供解决方案的一个交易市场"
	过程所有权计划	"在乙方提供的创新平台上,最终中标方将完整的技术服务报告提交给甲方……"
	服务级别内容	"所发布的任务要求简要如下……" "报酬及其支付方式……"

续表

SLA 合同治理		关键要点
权变特征	未来需求管理计划	未体现
	可预期的变化计划	未体现
	反馈计划	未体现
	创新计划	未体现
治理特征	沟通计划	未体现
	评估规则	"根据甲方进度要求,技术服务报告各个阶段草稿和最终报告完成之后的1周内,由甲方组织、甲方和甲方邀请的验收专家共同参与方式验收,由甲方出具项目验收证明……"
	冲突仲裁规则	"争议的解决方法……"
	执行计划	未体现

研发众包平台也可以实现部分合同治理的功能。例如在 SD 项目合同中,争议解决的方法只提到了交易双方协商和向法院提出公诉两种情况。现实中,发包方和接包方可以通过众包平台的机制直接解决争议。例如,猪八戒网推出了诚信管理中心,如图 6-12 所示。在这个诚信管理中心里,可以同时处理针对接包方和发包方两方面的问题。针对接包方的问题有:涉嫌抄袭、不追加赏金、无能力完成、拒绝修改作品等。针对发包方的问题有:涉嫌作弊、审标不合理、要求不合理、拒付赏金等。

图 6-12 猪八戒网诚信管理中心

6.6.3 基于关系治理的分析

总体而言,SD 项目的实施表现出了较差的关系治理。首先,除了签订合同初期,接包方和发包方并没有在完成任务阶段有任何的接洽和互动,就连 A 没有按时完成任务,也是由 cs.com 发现并告知 SD 公司的。其次,由于没有经验,cs.com 并没有设计与关系治理有关的机制帮助接包方和发包方完成交易。

但是,"关系"却在关系治理中作为一个特定因素发挥了一定的作用。cs.com 运营者认为,"如果不是认识 SD 公司的项目负责人,他们不会轻易答应我们使用平台;如果不是认识专家 B,我们可能就不能找到合适的人接手未完成的项目"。从 SD 项目实施来看,关系的利用只是一种非常规手段,用以处理特殊情况。如果能够设计较好的关系治理机制,将会弥补这一不足。

关系治理不仅可以靠交易双方主动完成,还可以通过网站设计机制协助实现关系治理的功能。这里我们用 Elance 和猪八戒网的实际例子进行对比。

进度控制这一点在猪八戒网和 Elance 网站上都有体现。猪八戒网上有类似进度条的设计,如图 6-13 所示,但是这个进度条并不针对接包方和发包方工作过程的控制,这里只针对网站功能关键步骤的确认。

图 6-13 猪八戒网项目进度条

而 Elance 的工作室可以更好地实现这样的功能。当供应方投标成功与买方签订合同,工作室便自动创立,供应方可以在个人账户首页进入工作室进行多种操作,如即时留言、查看提醒、查看进度报告和共享工作文件等,如图 6-14 所示。通过这种方式,供应方和买方可以直接在 Elance 提供的平台上进行沟通,并且保存

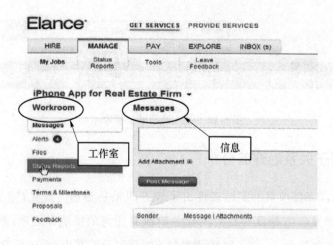

图 6-14 Elance 的工作室功能

通话记录以备查阅。Elance 的工作室提供的进度报告可以记录供应方的工作时间,网站要求每周向买方提供一次工作进度的汇报,如果没有定期发送状态报告,网站会自动提醒。状态进度报告功能如图 6-15 所示。

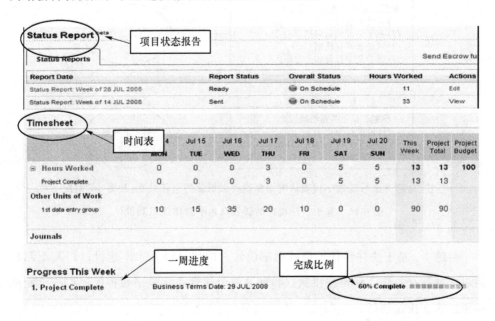

图 6-15 Elance 的进度报告功能

通过我们的案例结果可知,研发众包平台可以借鉴这个进度报告功能和工作室功能,进度报告和工作室会有效监控交易双方的工作进度和反馈情况,增进双方的信任,保证工作有效完成。

6.7 基于信任理论的研发众包平台机制设计

设计科学复杂性较高,因为设计新的系统通常需要专业领域的创新性进步。而设计科学作为相对年轻的领域,现存的理论是不足的。如何通过设计信息系统支持在线社区的成员间的互动规则需要借助于"信息系统设计理论"(IS design theory)。设计过程和设计结果被认为是两个不同的方面,这当中核心理论(kernel theories)、设计方法和一系列可验证的假设是基本的构成部分。我们基于两种信任提出两组命题。第一组命题基于快速信任理论;第二组命题基于关系治理理论,主要与基于了解的信任有关。因此,基于前文的分析,我们可以采用几个有效的机制。基于信任理论的研发众包平台构建机制设计如图6-16所示。

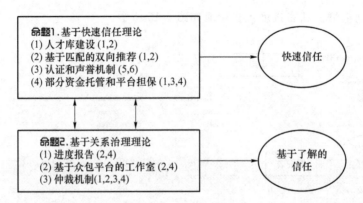

注:命题中括号的数字代表该网站制度可以增强的信任关系,与图6-5对应

图6-16　基于信任理论的研发众包平台构建机制设计

命题1　基于快速信任理论的机制设计。例如:(1)人才库建设;(2)基于匹配的双向推荐;(3)认证和声誉机制;(4)部分资金托管和众包平台担保。这些机制能够帮助建立快速信任。

首先,由于研发任务众包对人才的需求更高,所以具备不同知识和技能的供应方人才库的构建是首要的。史特金定律指出,1%的社区用户是活跃的内容创造者,10%的用户改变内容[298]。这样的理念在这里同样适用,也就是说众包平台需要甄别人才,建立人才库,同时有能力推荐给需求方,这样可以提高市场的运营效率。人才库的构建和基于人才库的相互推荐能够帮助建立发包方对接包方和众包平台的信任,即图6-5中信任关系的(1)和(2)。

其次,认证机制在研发众包平台的情境下也很有必要。研发众包平台中的认证既包括身份认证,又包括能力认证。通过身份认证可以保证发包方和接包方的真实性;能力认证(资质、证书等)可以帮助识别人才技能和知识水平,进而也可以帮助供应方人才库的构建。认证机制有助于增加众包平台对发包方和接包方的信任,即图6-5中信任关系的(5)和(6)。

最后,研发众包任务的特点之一是交易金额通常很高,部分资金托管或免除托管加平台担保机制有助于减轻发包方的财务负担,增加发包方使用众包平台的积极性。同时,有了众包平台的担保,根据信任转移的理论,接包方会更加相信发包方在提交任务解决方案后会全额支付报酬。从 cs.com 和 SD 公司的例子可以看出,如果交易金额很高,全额托管金额同样会对发包方造成压力,所以,各方折中的做法会是一个好的选择。如果部分托管加市场担保机制能被有效利用,发包方对众包平台的信任,以及接包方对发包方和众包平台的信任都会加强,即图 6-5 中信任关系的(1)、(3)和(4)。

命题 2 基于关系治理理论的机制设计。例如:(1)进度报告;(2)基于众包平台的工作室;(3)仲裁机制。这些机制能够帮助接包方和发包方建立了解型信任。

首先,进度报告有助于发包方和接包方追踪任务过程,确保任务能够准时完成。状态报告使接包方按时报告工作进度。这样,接包方和发包方都能很好地追踪工作进度。

其次,工作室是基于众包平台的工作环境,使接包方和发包方之间能够直接交流。进度报告和工作室都使得开放的交流和及时的信息交换便利化,根据关系治理理论,这些是建立基于了解的信任的有效方式,例如接包方和发包方之间的互相信任,即图 6-5 信任关系中的(2)和(4)。

最后,当接包方和发包方在工作过程中出现难以解决的冲突或争议时,在私下协商无法妥善解决时,仲裁服务就很重要。仲裁是为了和谐地解决交易双方的冲突,这在普通任务众包平台中已较为常见,如猪八戒网的诚信管理中心。在 cs.com 的例子中,仲裁更多地基于关系而不是基于法律,这在中国的社会情境下是特有的。然而,一个成熟的众包平台需要基于规则和法律的仲裁制度。仲裁制度不仅会提高发包方与接包方之间的信任,即图 6-5 的(2)和(4),还会增加他们对众包平台的信任,即图 6-5 的(1)和(3)。

6.8 研究不足

当然,本章研究存在一定的不足。首先,与其他研究方法相比,案例研究存在一些不足:(1)案例研究的结果外部效度较低,不容易被归纳为普遍结论;(2)案例研究的严密性容易受到质疑。比如,如何选择案例就不像问卷调研那样有普遍意义。其次,本章研究只能从现有的有限数目出发,访谈对象也仅限于几个关键参与对象。最后,cs.com 的开发运营具有其特殊性,尤其是规模较小,在试运营期容易受到成本、团队和市场推广等主客观因素的影响。但是,本章内容的理论构建缜密,结论具有可测验性,对未来的研究有启示作用。本章从理论出发对网站机制设计提出了建议,未来的研究方向需要在设计平台中从设计科学的角度加以验证。

本章小结

尽管以往的文献不乏对电子商务网站机制与众包平台机制的研究,但针对研发众包平台信任构建的研究还比较少。针对这一问题,本研究通过案例分析探讨研发众包平台的构建,提出了基于信任理论的网站设计假设。

网络化研发众包平台在中国的发展仍然面临一定的挑战,本章的结论旨在为研发众包平台的设计策略提供建议,未来的研究可以从设计科学的角度出发验证这些假设理论的有效性和可行性。同时,未来的研究可以从多角度出发,如网站感知质量、用户满意度等方面展开。

第7章 政策建议

7.1 我国互联网众包发展面临的主要问题

1. 社会信用体系尚未建立

覆盖我国的信用体系尚未形成，社会成员守信激励和失信惩戒的机制不健全，这对我国众包发展的制约十分严重。当前，在我国，供应方对众包项目的参与大多出于想获取适当的奖酬和激励，但在实际操作的过程中，很难避免有些人投机取巧套取企业的奖励。由于社会信用体系尚未完全建立，企业也无法对这部分用户的蓄意造假行为进行有效的监控，对套取、骗取众包奖励的行为进行打击。而西方国家在市场经济的长期实践中，社会信用体系已发展相对成熟，相关法律法规在信用立法、信用监管、信用管理与服务等方面相对健全。成熟的信用体系对规范众包平台的行为起到了积极的引导作用。可见，信用体系不健全是阻碍我国大众参与众包创新活动的重要因素。

2. 知识产权制约严重

目前，我国在用户参与众包的知识产权保护问题上，尚未采取较有针对性的举措。由于众包创意和创新产品须在网络上公布，这就存在被别人抄袭的风险。一方面，一旦大众的创意没有得到有效保护或者认可，或者被支付赏金，而是被企业用以谋取利益，就会极大影响大众的创新动力；另一面，企业会因担心在众包创新的过程中被别的企业窃取机密信息或者关键技术而拒绝众包创新模式。长此以往,不仅大众创新成果不能被有效利用去服务社会,众包的商业发展模式也将面临危险。在美国、德国等西方发达国家,知识产权已成为一个保护、鼓励创新的有力工具,对知识产权有力的保护极大程度地调动了人们创新的积极性,为众包发展提供了良好的外部条件。因此,知识产权相关立法的不完备严重制约众包模式在我国的大规模发展。

3. 众包人才的激励机制不完善

在欧美国家,社会经济发展水平较发达,大众参与众包可能仅仅是出于兴趣和对自我价值的实现,并不在乎奖励。而我国大众参与众包的主要动力来源于合理的奖酬。这是由我国人力资源众多、分布较散、就业压力大、社会经济发展水平相对较低等因素造成的。因此,如果缺乏有效的激励机制,我国将很难保证大众参与众包创新活动的行为能持久下去。企业不仅需要对网络大众的创意支付合理报酬以确保用户的积极性,还要考虑企业的创新人员与网络大众的众包行为之间的激励相容问题。这也就意味着,如果企业过分依赖网络化的众包行为,而忽视了对企业内部创新人员的培养,那么,在企业内部就会因激励不相容而导致创新人员的积极性降低,从而使企业自身缺乏可持续的创新能力。因此,如何在合理激励众包人才的同时保证对企业内部创新人员的投入,是当下我国科技创新型企业组织管理面临的新课题。

4. 众包交易平台业务范围较小

目前在我国威客网站上发布的项目主要集中于设计类,其中又以 logo 和平面设计为主,占 1/2 以上;其次是网站类任务,涉及程序开发、网页设计、网站建设等,占 1/4 左右。而欧美众包交易市场业务范围相对较宽泛,包括生物、营销、电子、日用品等领域。与国外相比,我国威客众包交易平台起步晚,大部分任务都集中于 IT 业务,任务复杂程度较低、交易额较小,众包交易产品缺乏较强的创新性。如何推动众包平台纵深发展成为众包平台自身面临的新挑战。

7.2　相关政策建议

一是完善社会信用体系,以新环境确保互联网众包的真实有效性。在大环境下,增强诚信教育,改良全社会的互联网使用环境,进而提高网络用户参与众包的诚信度。从技术层面,要加强网络诚信环境体系的建设,从互联网技术方面加大对作假行为的监督和打击力度,如IP地址检测和众包平台对知识原创性的监督和验证机制。通过创新监管的模式可以营造公平、公开的竞争环境。

二是完善知识产权保护等法规,以新制度促进众包产业健康良性发展。众包平台的发展需要相应的法规进行规范,确保众包产品能够合法交易,尤其是在创新平台涉及的知识产权问题和成果转化等方面。此外,健全创新产品质量标准政策规划体系和管理法律法规。只有国家从法律层面对众包创新产品进行保护,确定其合法的知识产权地位,才能促进众包产业长久良性健康发展,发挥众包的最大效益。同时,众包平台本身也要对知识产权保护本身采取有力的措施,如通过建立平台监管机制和打击盗版等。

三是聚集大众创新人才,以新思维激励众包模式下的创新力量。习总书记指出,创新驱动发展战略的关键是人才驱动。互联网众包为人才供给提供了便捷的途径,加以有效激励,互联网的自由空间有利于激发科学家、科技人员、企业家等高端人才和普通大众的创新激情。同时,网络的无国界化更有利于全面提升我国创新资源的国际化,真正做到择天下英才而用之。此外,微观上建议企业创新管理模式以应对众包人才供给,在考核众包创意对企业经营的增效的同时,评判创新人员在改造众包创意中的作用和效益。

四是紧扣众包发展潮流,以新体制推动众包纵深发展。当下,许多科技、产业结构以及"互联网＋"和"万众创新"等历史性的变革使中国社会创新变革面临新的契机。因此,要推动众包在中国市场纵深发展,需要进一步深化体制机制改革,以新的体制顺应众包发展和众包带来的创新模式新趋势。鼓励企业以更加开放包容的心态加以应用,使众包的业务范围不仅局限在创新性较低的行业。在加强众包应用的同时,充分调动各项科技创新资源,推动协同式创新和开放式创新,构建有利于创新的生态环境,以全面提高我国的创新能力。

五是发挥国家园区示范引领作用,探索建立众包业态示范基地。要集聚整合创新资源,必须最大限度地利用国家自主创新示范区、国家高新区、大学科技园、科技企业孵化器和科研院所已有的有利条件。为响应国务院和科技部的号召，着力打造"万众创新"载体，国家自主创新示范区、国家高新区等国家园区要充分利用众包创新的企业和大众资源，充分利用政策先行先试的优势，在众包新业态和"万众创新"中发挥示范引领作用。

参考文献

[1] HOWE J. The rise of crowdsourcing [J]. Wired magazine, 2006, 14(6): 1-4.

[2] 周立君, 汪涛. 亚马逊土耳其机器人:科学研究的众包网络平台研究综述 [J]. 科技进步与对策, 2014, 31(8): 156-160.

[3] 书聿. 亚洲众包网站悄然崛起:中国成最大"雇主" [J]. 科技与企业, 2013 (1): 2-2.

[4] 李艳, 陈晓华. 中国式众包:威客智慧的商业价值 [M]. 北京:科学出版社, 2011.

[5] 佚名. 中国威客排行榜(推荐6个国内主要威客网站及排名分析)[EB/OL]. (2019-10-05). [2021-04-01]. https://uovi60.smartapps.cn/pages/shenghuo/show?itemid=872.

[6] DOAN A, RAMAKARISHNAN R, HALEVY A Y. Crowdsourcing systems on the World-Wide Web [J]. Communications of the ACM, 2011, 54(4): 86-96.

[7] SUN Y, WANG N, YIN C, et al. Investigating the non-linear relationship in the expectancy theory: the case of crowdsourcing marketplace [C]. AMCIS 2012 Proceedings, 2012.

[8] 张利斌, 钟复平, 涂慧. 众包问题研究综述 [J]. 科技进步与对策, 2012, 29(6): 154-160.

[9] 肖岚,高长春."众包"改变企业创新模式[J].上海经济研究,2010(3):35-41.

[10] 李龙一,王琼.众包模式用户参与影响因素分析——基于社会交换理论的实证研究[J].现代情报,2014,34(5):17-23.

[11] CHEN W, HIRSCHHEIM R. A paradigmatic and methodological examination of information systems research from 1991 to 2001 [J]. Information Systems Journal,2004,14(3):197-235.

[12] SAXTON G D, OH O, KISHORE R. Rules of crowdsourcing:Models, issues, and systems of control [J]. Information Systems Management, 2013,30(1):2-20.

[13] BRABHAM D C. Crowdsourcing as a model for problem solving an introduction and cases [J]. Convergence:the International Journal of Research into New Media Technologies,2008,14(1):75-90.

[14] 莫赞,罗楚,刘希良,等.基于IS视角的众包概念模型研究[J].科技管理研究,2014(14):155-161.

[15] ROUSE A C. A prelimiary taxonomy of crowdsourcing [C]. 21st Australian Conference on Information Systems,2010.

[16] GEIGER D, SEEDORF S, SCHULZE T, et al. Managing the crowd: towards a taxonomy of crowdsourcing processes [J]. Proceddings of the Seventeenth Americas Conference on Information Systems,2011.

[17] ERICKSON L. Hanging with the right crowd:matching crowdsourcing need to crowd characteristics [J]. AMCIS 2012 Proceedings,2012.

[18] 莫赞,罗楚,刘希良,等.基于IS视角的众包概念模型研究[J].科技管理研究,2014(14):032.

[19] ARCHAK N, SUNDARARAJAN A. Optimal design of crowdsourcing contests [C]. ICIS 2009 Proceedings,2009.

[20] 叶伟巍,朱凌.面向创新的网络众包模式特征及实现路径研究[J].科学学研究,2012,1(30):1.

[21] 郝琳娜，侯文华，刘猛. 众包创新模式问题分析及研究展望 [J]. 科技进步与对策，2014(22).

[22] 郝琳娜，侯文华，刘猛. 众包竞赛模式下企业 R&D 创新水平策略博弈分析 [J]. 科研管理，2014，35：111-120.

[23] KAUFMANN N, SCHULZE T, VEIT D. More than fun and money. worker motivation in crowdsourcing-a study on mechanical turk [C]，2011.

[24] SATZGER B, PSAIER H, SCHALL D, et al. Auction-based crowdsourcing supporting skill management [J]. Information Systems，2013，38(4)：547-560.

[25] MAJCHRZAK A, MALHOTRA A. Towards an information systems perspective and research agenda on crowdsourcing for innovation [J]. The Journal of Strategic Information Systems，2013，22(4)：257-268.

[26] ZOGAJ S, BRETSCHNEIDER U, LEIMEISTER J M. Managing crowdsourced software testing: a case study based insight on the challenges of a crowdsourcing intermediary [J]. Journal of Business Economics，2014：1-31.

[27] AFUAH A, TUCCI C L. Crowdsourcing as a solution to distant search [J]. Academy of Management Review，2012，37(3)：355-375.

[28] 郑海超，侯文华. 网上创新竞争中解答者对发布者的信任问题研究 [J]. 管理学报，2011，8(2)：233-240.

[29] 仲秋雁，王彦杰，裘江南. 众包社区用户持续参与行为实证研究 [J]. 大连理工大学学报：社会科学版，2011(1)：1-6.

[30] 余世英，明均仁，熊璐. 基于威客模式的网络运营机制研究 [J]. 情报科学，2013，3：1.

[31] ZHAO Y, ZHU Q. Evaluation on crowdsourcing research: current status and future direction [J]. Information Systems Frontier，2012.

[32] 谭婷婷，蔡淑琴，胡慕海. 众包国外研究现状 [J]. 武汉理工大学学报：信息与管理工程版，2011，33(2)：263-266.

[33] 李红梅. 浅谈新闻众包的内容生产 [J]. 新闻世界，2014(9)：123-125.

[34] 张艳. 基于众包理念的高校图书馆学科服务研究 [J]. 图书馆杂志，33(8)：53-58.

[35] 霍建梅，李书宁. 高校图书馆数字参考咨询引进众包模式研究——基于德尔菲法的调查分析 [J]. 图书情报工作，2013(6)：73-78.

[36] 吴金红，陈强，张玉峰. 基于众包的企业竞争情报工作模式创新研究 [J]. 情报理论与实践，2014，37(1)：90-93.

[37] 陈强，吴金红，张玉峰. 大数据时代基于众包的竞争情报运行机制研究 [J]. 情报杂志，2013，32(8)：15-18.

[38] HOVLAND C I, JANIS I L, KELLEY H H. Communication and persuasion: psychological studies of opinion change [J]. American Sociological Review, 1953, 19(3): 355-357.

[39] DEUTSCH M. Cooperation and trust: Some theoretical notes[J]. Nebraska Symposium on Motivation, 1962, 275-320.

[40] ROTTER J B. Generalized expectancies for interpersonal trust [J]. American Psychologist, 1971, 26(5): 443.

[41] ANDERSON J C, NARUS J A. A model of distributor firm and manufacturer firm working partnerships [J]. the Journal of Marketing, 1990: 42-58.

[42] 郑也夫. 信任论[M]. 北京：中国广播电视出版社，2006.

[43] 张维迎. 信息与信用 [M]. 北京：中国城市出版社，2003.

[44] 彭泗清. 信任的建立机制：关系运作与法制手段 [J]. 社会学研究，1999.

[45] MAYER R C, DAVIS J H, SCHOORMAN F D. An integrative model of organizational trust [J]. Academy of Management Review, 1995, 20(3): 709-734.

[46] CORRITORE C L, KRACHER B, WIEDENBECK S. On-line trust: concepts, evolving themes, a model [J]. International Journal of Human-Computer Studies, 2003, 58(6): 737-758.

[47] SABEL C F. Studied trust: building new forms of cooperation in a volatile economy [J]. Human Relations, 1993, 46(9): 1133-1170.

[48] MOORMAN C, ZALTMAN G, DESHPANDE R. Relationships between providers and users of market research: The dynamics of trust [J]. Journal of Marketing Research, 1992, 29(3): 314-328.

[49] RAMASWAMI S N, SRINIVASAN S S, GORTON S A. Information asymmetry between salesperson and supervisor: postulates from agency and social exchange theories [J]. Journal of Personal Selling & Sales Management, 1997, 17(3): 29-50.

[50] KOLLOCK P. The production of trust in online markets [J]. Advances in Group Processes, 1999, 16: 99-123.

[51] GEFEN D. Customer loyalty in e-commerce [J]. Journal of the Association for Information Systems, 2002, 3(1): 2.

[52] GEFEN D, KARAHANNA E, STRAUB D. Potential and repeat e-consumers: the role of and trust vis-à-vis TAM [J]. IEEE Transactions on Engineering Management, 2003, 50(3): 307-321.

[53] PAVLOU P A. Consumer acceptance of electronic commerce: integrating trust and risk with the technology acceptance model [J]. International Journal of Electronic Commerce, 2003, 7(3): 101-134.

[54] MCALLISTER D J. Affect-and cognition-based trust as foundations for interpersonal cooperation in organizations [J]. Academy of Management Journal, 1995, 38(1): 24-59.

[55] BLAU P M. Exchange and power in social life [M]. Piscataway: Transaction Publishers, 1964.

[56] LUHMANN N. Trust and power [J]. John Wiley and Sons, 1979.

[57] ZUCKER L G. Production of Trust: Institutional Sources of Economic Structure[J]. Research in Organizational Behavior, 1986.

[58] DWYER F R, SCHURR P H, OH S. Developing buyer-seller relationships [J]. Journal of Marketing, 1987, 51(2): 11-27.

[59] CROSBY L A, EVANS K R, COWLES D. Relationship quality in services selling: an interpersonal influence perspective [J]. The Journal of Marketing, 1990: 68-81.

[60] BUTLER J K. Toward understanding and measuring conditions of trust: Evolution of a conditions of trust inventory [J]. Journal of Management, 1991, 17(3): 643-663.

[61] KUMAR N, SCHEER L K, STEENKAMP J-B E. The effects of perceived interdependence on dealer attitudes [J]. Journal of Marketing Research, 1995, 32(3): 348-356.

[62] MCKNIGHT D H, CHOUDHURY V, KACMAR C. Developing and validating trust measures for e-commerce: an integrative typology [J]. Information Systems Research, 2002, 13(3): 334-359.

[63] JARVENPAA S L, TRACTINSKY N, SAARINEN L. Consumer trust in an internet store: a cross-cultural validation [J]. Journal of Computer-Mediated Communication, 1999, 5(2).

[64] GEFEN D, KARAHANNA E, STRAUB D W. Trust and TAM in online shopping: An integrated model [J]. MIS Quarterly, 2003, 27(1): 51-90.

[65] VANCE A, ELIE-DIT-COSAQUE C, STRAUB D W. Examining trust in information technology artifacts: the effects of system quality and culture [J]. Journal of Management Information Systems, 2008, 24(4): 73-100.

[66] JARVENPAA S L, KNOLL K, LEIDNER D E. Is anybody out there? Antecedents of trust in global virtual teams [J]. Journal of Management Information Systems, 1998, 14(4): 29-64.

[67] HART P, SAUNDERS C. Power and trust: critical factors in the adoption and use of electronic data interchange [J]. Organization Science, 1997, 8(1): 23-42.

[68] GEFEN D, STRAUB D W. Consumer trust in B2C e-commerce and the

importance of social presence: experiments in e-products and e-services [J]. Omega, 2004, 32(6): 407-424.

[69] ROUSSEAU D M, SITKIN S B, BURT R S, et al. Not so different after all: A cross-discipline view of trust [J]. Academy of Management Review, 1998, 23(3): 393-404.

[70] MEYERSON D, KRAMER R M. Swift Trust and Temporary Groups[J]. 1996. 166-195.

[71] JARVENPAA S L, LEIDNER D E. Communication and Trust in Global Virtual Teams [J]. Journal of Computer-Mediated Communication, 1998, 3(4): 792-815.

[72] ROBERT L P, DENIS A R, HUNG Y-T C. Individual Swift Trust and Knowledge-based Trust in Face-to-Face and Virtual Team Members [J]. Journal of Management Information Systems, 2009, 26(2): 241-279.

[73] 杨志蓉. 团队快速信任, 互动行为与团队创造力研究 [D]. 杭州: 浙江大学, 2006.

[74] IACONO C S, WEISBAND S. Developing Trust in Virtual Teams [C]. the Proceedings of the Thirtieth Hawaii International Conference on System Sciences, 1997.

[75] HILTZ S R, TUROFF M. What makes learning networks effective? [J]. Communications of the ACM, 2002, 45(4): 56-59.

[76] ADLER T R. Swift trust and distrust in strategic partnering relationships: key considerations of team-based designs [J]. Journal of Business Strategies, 2007, 24(2): 105-121.

[77] CRISP C B, JARVENPAA S L. Swift trust in global virtual teams [J]. Journal of Personnel Psychology, 2013, 12(1): 45-56.

[78] LI X, RONG G, THATCHER J B. Swift trust in web vendors: the role of appearance and functionality [J]. Journal of Organizational and End-User Interactions, 2011, 21(1): 102-123.

[79] 肖余春，李伟阳. 临时性组织中的快速信任：概念，形成前因及影响结果[J]. 心理科学进展，2014，22(8)：1282-1293.

[80] 秦开银，杜荣，李燕. 临时团队中知识共享对快速信任与绩效关系的调节作用研究[J]. 管理学报，2010，7(1)：98-102.

[81] 杨志蓉，谢章澍，宝贡敏. 团队快速信任，互动行为对团队创造力的作用机理研究[J]. 福州大学学报：哲学社会科学版，2011，100(6)：31-34.

[82] 梅占军，马钦海，沈忻昕. 临时团队中快速信任对团队情绪智力与绩效关系的中介作用研究[J]. 南大商业评论，2014，2：106-124.

[83] 翁胜斌，钱大可，苏海林. 网购交易决策中的快速信任机制研究——基于ELM理论视角[J]. 企业经济，2013，32(10)：101-105.

[84] STEWART K J. Trust transfer on the World Wide Web[J]. Organization Science, 2003, 14(1): 5-17.

[85] STEWART K J, MMLAGA R A. Contrast and assimilation effects on consumers' trust in internet companies[J]. International Journal of Electronic Commerce, 2009, 13(3): 71-94.

[86] LEE K C, KANG I, MCKNIGHT D H. Transfer from offline trust to key online perceptions: an empirical study[J]. IEEE Transactions on Engineering Management, 2007, 54(4): 729-741.

[87] KUAN H-H, BOCK G-W. Trust transference in brick and click retailers: An investigation of the before-online-visit phase[J]. Information & Management, 2007, 44(2): 175-187.

[88] BA S. Establishing online trust through a community responsibility system[J]. Decision Support Systems, 2001, 31(3): 323-336.

[89] SHAPIRO S P. The social control of impersonal trust[J]. American Journal of Sociology, 1987, 93(3): 623-658.

[90] PEARCE J L, BRANYICZKI I, BIGLEY G A. Insufficient bureaucracy: Trust and commitment in particularistic organizations[J]. Organization Science, 2000, 11(2): 148-162.

[91] HAGEN J M, CHOE S. Trust in Japanese interfirm relations: Institutional sanctions matter [J]. Academy of Management Review, 1998, 23(3): 589-600.

[92] MCKNIGHT D H, CUMMINGS L L, CHERVANY N L. Initial trust formation in new organizational relationships [J]. Academy of Management Review, 1998, 23(3): 473-490.

[93] MCKNIGHT D H, CHERVANY N L. What trust means in e-commerce customer relationships: an interdisciplinary conceptual typology [J]. International Journal of Electronic Commerce, 2002, 6: 35-60.

[94] KIRSCH L J. The management of complex tasks in organizations: Controlling the systems development process [J]. Organization Science, 1996, 7(1): 1-21.

[95] JAWORSKI B J. Toward a theory of marketing control: environmental context, control types, and consequences [J]. Journal of Marketing, 1988, 52(3): 23-39.

[96] FLAMHOLTZ E G. Accounting, budgeting and control systems in their organizational context: theoretical and empirical perspectives [J]. Accounting, Organizations and Society, 1983, 8(2): 153-169.

[97] WEBB P, POLLARD C, RIDLEY G. Attempting to define IT governance: wisdom or folly? [C]. Proceedings of the 39th Annual Hawaii International Conference on System Sciences, 2006.

[98] GOLES T, CHIN W W. Information systems outsourcing relationship factors: detailed conceptualization and initial evidence [J]. ACM SIGMIS Database, 2005, 36(4): 47-67.

[99] CHOUDHURY V, SABHERWAL R. Portfolios of control in outsourced software development projects [J]. Information Systems Research, 2003, 14(3): 291-314.

[100] FERGUSON R J, PAULIN M, BERGERON J. Contractual governance, relational governance, and the performance of interfirm service exchanges: the influence of boundary-spanner closeness [J]. Journal of

the Academy of Marketing Science, 2005, 33(2): 217-234.

[101] KERN T, WILLCOCKS L P. Exploring information technology outsourcing relationships: theory and practice [J]. Journal of Strategic Information Systems, 2000, 9: 321-350.

[102] WILLIAMSON O E. The mechanisms of governance [M]. Oxford: Oxford University Press, 1996.

[103] GOPAL A, SIVARAMAKRISHNAN K, KRISHNAN M S, et al. Contracts in offshore software development: An empirical analysis [J]. Management Science, 2003, 49(12): 1671-1683.

[104] ANDERSON S W, DEKKER H C. Management control for market transactions: The relation between transaction characteristics, incomplete contract design, and subsequent performance [J]. Management Science, 2005, 51(12): 1734-1752.

[105] CHEN Y, BHARADWAJ A. An empirical analysis of contract structures in IT outsourcing [J]. Information Systems Research, 2009, 20(4): 484-506.

[106] GOO J, KISHORE R, RAO H R, et al. The role of service level agreements in relational management of information technology outsourcing: An empirical study [J]. MIS Quarterly, 2009, 33(1): 119-145.

[107] KIRSCH L S. Portfolios of control modes and IS project management [J]. Information Systems Research, 1997, 8(3): 215-239.

[108] WILLAMSON O E. The economic institutions of capitalism [M]. New York: Free Press, 1985.

[109] KLEIN B, CRAWFORD R G, ALCHIAN A A. Vertical integration, appropriable rents, and the competitive contracting process [J]. Journal of Law and Economics, 1978: 297-326.

[110] OUCHI W G. A conceptual framework for the design of organizational control mechanisms [M]. Berlin: Springer, 1992.

[111] ZHOU K Z, POPPO L, YANG Z. Relational ties or customized contracts? An

examination of alternative governance choices in China[J]. Journal of International Business Studies, 2008, 29: 526-534.

[112] REUER J J, ARINO A. Strategic alliance contracts: Dimensions and determinants of contractual complexity[J]. Strategic Management Journal, 2007, 28(3): 313-330.

[113] BARTHÉLEMY J, QUÉLIN B V. Complexity of outsourcing contracts and ex post transaction costs: An empirical investigation[J]. Journal of Management Studies, 2006, 43(8): 1775-1797.

[114] PAVLOU P A, GEFEN D. Building effective online marketplaces with institution-based trust[J]. Information Systems Research, 2004, 15(1): 37-59.

[115] FANG Y, QURESHI I, SUN H, MCCOLE P, et al. Trust, satisfaction, and online repurchase intention: The moderating role of perceived effectiveness of e-commerce institutional mechanisms[J]. Mis Quarterly, 2014, 38(2): 407-427.

[116] LU Y, YANG S, CHAU P Y, et al. Dynamics between the trust transfer process and intention to use mobile payment services: A cross-environment perspective[J]. Information & Management, 2011, 48(8): 393-403.

[117] KIRSCH L J. Deploying common systems globally: The dynamics of control [J]. Information Systems Research, 2004, 15(4): 374-395.

[118] 郎宇洁. 基于长尾理论面向"众包"的信息服务模式研究[J]. 情报科学, 2012, 10: 1545-1549.

[119] ZHENG H, H J L, LIN Z. An Empirical Study of Guarantee in Service E-Commerce[J]. 2013.

[120] KOUFARIS M, HAMPTON SOSA W. The development of initial trust in an online company by new customers[J]. Information & Management, 2004, 41(3): 377-397.

[121] YOON S J. The antecedents and consequences of trust in online—purchase

decisions [J]. Journal of Interactive Marketing, 2002, 16(2): 47-63.

[122] LEE Y, CAVUSGIL S T. Enhancing alliance performance: The effects of contractual-based versus relational-based governance [J]. Journal of Business Research, 2006, 59(8): 896-905.

[123] GENCTÜRK E F, AULAKH P S. Norms-and control-based governance of international manufacturer-distributor relational exchanges [J]. Journal of International Marketing, 2007, 15(1): 92-126.

[124] LACITY M C, KHAN S A, WILLCOCKS L P. A review of the IT outsourcing literature: insights for practice [J]. Journal of Strategic Information Systems, 2009, 18: 130-146.

[125] CLARO D P, HAGELAAR G, OMTA O. The determinants of relational governance and performance: how to manage business relationships? [J]. Industrial Marketing Management, 2003, 32(8): 703-716.

[126] POPPO L, ZHOU K Z, ZENGER T R. Examining the conditional limits of relational governance: specialized assets, performance ambiguity, and long-standing ties [J]. Journal of Management Studies, 2008, 45(7): 1195-1216.

[127] GRANDORI A. Innovation, uncertainty and relational governance [J]. Industry and Innovation, 2006, 13(2): 127-133.

[128] 陈灿. 国外关系治理研究最新进展探析 [J]. 外国经济与管理, 2012, 34(10): 74-80.

[129] HOMANS G C. Social behavior as exchange [J]. American Journal of Sociology, 1958, 63(6): 597-606.

[130] EMERSON R M. Power-dependence relations [J]. American Sociological Review, 1962, 27(1): 31-41.

[131] MACAULAY S. Non-contractual relations in business: A preliminary study [J]. American Sociological Review, 1963, 28(1): 55-67.

[132] HEIDE J B, JOHN G. Do norms matter in marketing relationships? [J].

The Journal of Marketing, 1992, 56(2): 32-44.

[133] JAP S D, GANESAN S. Control mechanisms and the relationship life cycle: implications for safeguarding specific investments and developing commitment [J]. Journal of Marketing Research, 2000, 37(2): 227-245.

[134] KERN T, BLOIS K. Norm development in outsourcing relationships [J]. Journal of Information Technology, 2002, 17(1): 33-42.

[135] ROBEY D, FARROW D L, FRANZ C R. Group process and conflict in system development [J]. Management Science, 1989, 35(10): 1172-1191.

[136] DEUTSCH M. The resolution of conflict: Constructive and destructive processes [M]. Newhaven: Yale University Press, 1977.

[137] LAMBE C J, SPEKMAN R E, HUNT S D. Interimistic relational exchange: conceptualization and propositional development [J]. Journal of the Academy of Marketing Science, 2000, 28(2): 212-225.

[138] BORYS B, JEMISOND B. Hybrid arrangements as strategic alliances: Theoretical issues in organizational combinations [J]. Academy of Management Review, 1989, 14(2): 234-249.

[139] FINK R C, JAMES W L, HATTEN K J. An exploratory study of factors associated with relational exchange choices of small-, medium-and large-sized customers [J]. Journal of Targeting, Measurement and Analysis for Marketing, 2009, 17(1): 39-53.

[140] POPPO L, ZENGER T. Do formal contracts and relational governance function as substitutes or complements [J]. Strategic Management Journal, 2002, 23: 707-725.

[141] RYALL M D, SAMPSON R C. Formal contracts in the presence of relational enforcement mechanisms: Evidence from technology development projects [J]. Management Science, 2009, 55(6): 906-925.

[142] GHOSHAL S, MORAN P. Bad for practice: A critique of the transaction cost

theory [J]. The Academy of Management Review, 1996, 21(1): 13-47.

[143] GULATI R. Does familiarity breed trust? The implications of repeated ties for contractual choice in alliances [J]. The Academy of Management Journal, 1995, 38(1): 85-112.

[144] 谈毅, 慕继丰. 论合同治理和关系治理的互补性与有效性 [J]. 公共管理学报, 2008, 5(3): 56-62.

[145] ZHOU K Z, POPPO L. Exchange hazards, relational reliability, and contracts in China: The contingent role of legal enforceability [J]. Journal of International Business Studies, 2010, 41(5): 861-881.

[146] RING P S, VAN de VEN A H. Structuring cooperative relationships between organizations [J]. Strategic Management Journal, 1992, 13(7): 483-498.

[147] TIWANA A. Systems development ambidexterity: Explaining the complementary and substitutive roles of formal and informal controls [J]. Journal of Management Infomation Systems, 2010, 27(2): 87-126.

[148] Fisher T, Huber T, Dibbern J. Contractual and relational governance as substitutes and complements-explaining the development of different relationships [M]. Berlin: Physica-Verlag, 2011: 65-84.

[149] YU C M J, LIAO T J, LIN Z D. Formal governance mechanism, relational governance mechanism, and transaction-specific investments in supplier-manufacturer relationships [J]. Industrial Marketing Management, 2006, 35: 128-139.

[150] ZHENG J, ROEHRICH J K, LEWIS M A. The dynamics of contractual and relational governance: evidence from long-term public-private procurement arrangements [J]. Journal of Purchasing & Supply Management, 2008, 14: 43-54.

[151] FERGUSON R J, PAULIN M, BERGERON J. Contractual governance, relational governance, the performance of interfirm service exchanges: The

influence of boundary-spanner closeness [J]. Journal of Academy of Marketing Sciences, 2005, 33(2): 217-234.

[152] ALBORZ S, SEDDON P, SCHEEPERS R. A model for studying IT outsourcing relationships [J]. 2003.

[153] MENDING J. Metrics for process models: empirical foundations of verification, error prediction, and guidelines for correctness [M]. Berlin: Springer, 2008.

[154] ELLIS C A, NUTT G J. Office information systems and computer science [J]. ACM Computing Surveys (CSUR), 1980, 12(1): 27-60.

[155] NEWMAN M, ROBEY D. A social process model of user-analyst relationships [J]. Mis Quarterly, 1992: 249-266.

[156] LANGLEY A. Strategies for theorizing from process data [J]. Academy of Management review, 1999, 24(4): 691-710.

[157] MARKUS M L, ROBEY D. Information technology and organizational change: causal structure in theory and research [J]. Management Science, 1988, 34(5): 583-598.

[158] MOHR L B. Explaining organizational behavior [M]. San Francisco: Jossey-Bass, 1982.

[159] KEIL F J. Methanol-to-hydrocarbons: process technology [J]. Microporous and Mesoporous Materials, 1999, 29(1): 49-66.

[160] DIBBERN J, GOLES T, HIRSCHHEIM R, et al. Information systems outsourcing: a survey and analysis of the literature [J]. ACM SIGMIS Database, 2004, 35(4): 6-102.

[161] 陈国权, 马萌. 组织学习的过程模型研究 [J]. 管理科学学报, 2000, 3(3): 15-23.

[162] 陈劲, 周子范, 周永庆. 复杂产品系统创新的过程模型研究 [J]. 科研管理, 2005, 26(2): 61-67.

[163] 焦豪, 邬爱其. 国外经典裼会创业过程模型评介与创新 [J]. 外国经济与管理, 2008, 30(3): 29-33.

［164］ 叶明海，王吟吟，张玉臣. 基于系统理论的创业过程模型［J］. 科研管理，2012，32(11)：123-130.

［165］ 郑刚，朱凌，金珺. 全面协同创新：一个五阶段全面协同过程模型——基于海尔集团的案例研究［J］. 管理工程学报，2008，22(2)：24-30.

［166］ 李庆华，王文平. 基于时际范围经济的企业国际市场进入过程模型：知识观视角的研究［J］. 管理评论，2011，23(3)：29-38.

［167］ 朱少英，凌文辁，陆俊丞. 企业压力管理过程模型构建研究［J］. 云南社会科学，2011(2)：77-81.

［168］ 邓建高，卞艺杰，田泽. ERP 实施过程模型构建［J］. 信息系统工程，2010(1)：47-50.

［169］ 毕新华，余翠玲. 信息技术吸纳能力及其过程模型研究［J］. 科学学与科学技术管理，2007，27(12)：42-46.

［170］ LEWICK R, BUNKER B B C. Developing and maintaining trust in work relationships［J］. Trust in Organizations: Frontiers of Theory and Reach, 1996: 114-39.

［171］ MCKNIGHT D H, CHOUDHURY V, KACMAR C. Trust in e-commerce vendors: a two-stage model［C］. Proceedings of the twenty first international conference on Information systems, 2000.

［172］ LACITY M C, HIRSCHHEIM R A. Information systems outsourcing: myths, metaphors, and realities［M］. New York: John Wiley & Sons, 1993.

［173］ CAO Q, WANG Q. Optimizing vendor selection in a two-stage outsourcing process［J］. Computers & Operations Research, 2007, 34(12): 3757-3768.

［174］ CAO Q, FORD D N, LEGGIO K B. The application of real options to the R&D outsourcing decision［J］. Idea Group Publishing, 2007: 312.

［175］ DICKSON G W. An analysis of vendor selection systems and decisions［J］. Journal of Purchasing, 1966, 2(1): 5-17.

［176］ POWER M, BONIFAZI C, DESOUZA K C. The ten outsourcing traps to avoid [J]. Journal of Business Strategy, 2004, 25(2): 37-42.

[177] WEBER C A, CURRENT J R, BENTON W. Vendor selection criteria and methods [J]. European Journal of Operational Research, 1991, 50(1): 2-18.

[178] DEMPSEY W A. Vendor selection and the buying process [J]. Industrial Marketing Management, 1978, 7(4): 257-267.

[179] WADHWA V, RAVINDRAN A R. Vendor selection in outsourcing [J]. Computers & Operations Research, 2007, 34(12): 3725-3737.

[180] 时勘, 王继承, 李超平. 企业高层管理者胜任特征模型评价的研究 [J]. 心理学报, 2002, 34(3): 306-311.

[181] TAYLOR F W. Shop Management [M]. Harper & Brothers, 1911.

[182] MCCLELLAND D. Testing for competence rather than for intelligence [J]. American Psychologist, 1973, 28: 1-14.

[183] SANDBERG J. Understanding human competence at work: An interpretive approach [J]. The Academy of Management Journal, 2000, 40(1): 9-25.

[184] MANSIFIELD R S. Building competency models: Approaches for HR professionals [J]. Human Resource Management, 1998, 35(1): 7-18.

[185] 王重鸣, 陈民科. 管理胜任力特征分析: 结构方程模型检验 [J]. 心理科学, 2005, 25(5): 513-516.

[186] BASSELLIER G, BENBASAT I, REICH B H. The influence of business managers' IT competence on championing IT [J]. Information Systems Research, 2003, 14(4): 317-336.

[187] MCCLELLAND D C. Testing for competence rather than for intelligence [J]. American Psychologist, 1973, 28(1): 1-14.

[188] BOYATZIS R E. The competent manager: A model for effective performance [M]. New York: John Wiley & Sons, 1982.

[189] MIRABILE R J. Everything you wanted to know about competency modeling [J]. Training and Development, 1997, 51(8): 73-77.

[190] 吕英杰,张朋柱,刘景方. 众包模式中面向创新任务的知识型人才选择[J]. 系统管理学报,2013,22(1):60-66.

[191] 刘景方,张朋柱,吕英杰. 基于网上创新人才信息的任务-人才辅助匹配[J]. 系统管理学报,2014,23(3):359-366.

[192] 刘学方,王重鸣,唐宁玉,等. 家族企业接班人胜任力建模——一个实证研究[J]. 管理世界,2006(5):96-106.

[193] 魏钧,张德. 国内商业银行客户经理胜任力模型研究[J]. 南开管理评论,2006,8(6):4-8.

[194] 黄勋敬,李光远,张敏强. 商业银行行长胜任力模型研究[J]. 金融论坛,2008,12(7):3-12.

[195] 赵辉,黄晓,韦小军. 党政领导干部胜任力模型的构建[J]. 科学管理研究,2006,24(2):88-91.

[196] MAILATH G J, SAMUELSON L. Your reputation is who you're not, not who you'd like to be [J]. Penn CARESS Working Papers, 1998.

[197] MCKNIGHT D H, CUMMINGS L L, CHERVANY N L. Initial trust formation in new organizational relationships [J]. The Academy of Management Review, 1998, 23(3): 473-490.

[198] BOLTON G. How Effective are Electronic Reputation Mechanisms? [R]. 2003.

[199] JOSANG A, ISMAIL R, BOYD C. A survey of trust and reputation systems for online service provision [J]. Decision Support Systems, 2007, 43(2): 618-644.

[200] 洪名勇,钱龙. 信任,声誉及其内在逻辑[J]. 贵州大学学报:社会科学版,2014,32(1):34-39.

[201] GOODHUE D L, THOMPSON R L. Task-technology fit and individual performance [J]. MIS Quarterly, 1995, 19(2): 213-236.

[202] CHATMAN J A. Matching people and organizations: Selection and socialization in public accounting firms [C]. Academy of Management Proceedings, Academy of Management, 1989.

[203] EDWARD J R. Person-job fit: A conceptual integration, literature reveiw, and methodological critique, international review of industrial and organizational psychology[J]. Wiley, 1991.

[204] KRISTOF B A L, ZIMMERMAN R D, JOHNSON E C. Consequences of individuals' fit at work: A meta-analysis of person-job, person-organization, person-group, and person-supervisor fit [J]. Personnel Psychology, 2005, 58: 281-342.

[205] 吕英杰, 张鹏翥, 刘景方. 众包模式中面向创新任务的知识型人才选择[J]. 系统管理学报, 2013, 第 22 卷(第 1 期): 60-66.

[206] PRZEPIORKA W. Buyers pay for and sellers invest in a good reputation: More evidence from eBay [J]. The Journal of Socio-Economics, 2013, 42: 31-42.

[207] VENKATRAMAN N. The concept of fit in strategy research: Toward verbal and statistical correspondence [J]. Academy of Management Review, 1989, 14(3): 423-444.

[208] CABLE D M, JUDGE T A. Person-organization fit, job choice decisions, and organizational entry [J]. Organizational Behavior and Human Decision Processes, 1996, 67(3): 294-311.

[209] PIASENTIN K A, CHAPMAN D S. Subjective person-organization fit: Bridging the gap between conceptualization and Measurement [J]. Journal of Vocational Behavior, 2006, 69(2): 202-221.

[210] BA S, PAVLOU P A. Evidence of the effect of trust building technology in electronic markets: price premiums and buyer behavior [J]. MIS Quarterly, 2002, 26(3): 243-268.

[211] MURRAY K B, HAUBL G. Freedom choice, ease of use, and the formation of interface preferences [J]. MIS Quarterly, 2011, 35(4): 955-976.

[212] BRADBURN N M. Understanding the question-answer process [J]. Survey Methodology, 2004, 30(1): 5-15.

[213] BAGOZZI R P, SILK A J. Recall, recognition, and the measurement of memory for print advertisements [J]. Marketing Science, 1983, 2(2): 95-134.

[214] KERLINGER F N, LEE H B. Foundations of behavioral research: Educational and psychological inquiry [M]. New York: Holt, Rinehart and Winston, 1964.

[215] STRAUB D, BOUDREAU M-C, GEFEN D. Validation guidelines for IS positivist research [J]. The Communications of the Association for Information Systems, 2004, 13(1): 63.

[216] STRAUB D W. Validating instruments in MIS research [J]. MIS quarterly, 1989: 147-169.

[217] JORESKONG K G. A general method for estimating a linear structural equation system [J]. ETS Research Bulletin Series, 1970.

[218] WOLD H. Estimation of principal components and related models by iterative least squares [J]. Multivariate analysis, 1966, 1: 391-420.

[219] RINGLE C M, SARSTEDT M, STRAUB D W. Editor's comments: a critical look at the use of PLS-SEM in MIS quarterly [J]. MIS quarterly, 2012, 36(1): 3-14.

[220] URBACH N, AHLEMANN F. Structural equation modeling in information systems research using partial least squares [J]. Journal of Information Technology Theory and Application, 2010, 11(2): 5-40.

[221] CHIN W W. The partial least squares approach to structural equation modeling [J]. Modern Methods for Business Research, 1998, 295(2): 295-336.

[222] GEFEN D, STRAUB D. A practical guide to factorial validity using PLS-graph: tutorial and annotated example [J]. Communications of the Association for Information Systems, 2005, 16: 91-109.

[223] GOODHUE D, LEWIS W, THOMPSON R. PLS, small sample size, and statistical power in MIS research [C]. Proceedings of the 39th

Annual Hawaii International Conference on System Sciences, 2006.

[224] DIAMANTOPOULOS A. The error term in formative measurement models: interpretation and modeling implications [J]. Journal of Modelling in Management, 2006, 1(1): 7-17.

[225] 萧文龙. 统计分析入门与应用:SPSS 中文版＋PLS:SEM(SmartPLS) [M]. 台北:碁峰资讯股份有限公司, 2014.

[226] JARVIS C B, MCKKENZIE S B, PODSAKOFF P M. A critical review of construct indicators and measurement model misspecification in marketing and consumer research [J]. Journal of Consumer Research, 2003, 30(2): 199-218.

[227] PETTER S, STRAUB D, RAI A. Specifying formative constructs in information systems research [J]. MIS Quarterly, 2007, 31(4): 623-656.

[228] CENFETELLI R T, BASSELLIER G. Interpretation of formative measurement in information systems research [J]. MIS Quarterly, 2009, 33(4): 689-707.

[229] BOLLEN K, LENNOX R. Conventional wisdom on measurement: A structural equation perspective [J]. Psychological Bulletin, 1991, 110(2): 305.

[230] MACKENZIE S B. The dangers of poor construct conceptualization [J]. Journal of the Academy of Marketing Science, 2003, 31(3): 323-326.

[231] DIAMANTOPOULOS A. Viewpoint-export performance measurement: reflective versus formative indicators [J]. International Marketing Review, 1999, 16(6): 444-457.

[232] DIAMANTOPOULOS A, SIGUAW J A. Formative versus reflective indicators in organizational measure development: a comparison and empirical illustration [J]. British Journal of Management, 2006, 17(4): 263-282.

[233] ARMSTRONG S J, TERRY S O. Estimating nonresponse bias in mail

surveys [J]. Journal of Marketing Research, 1977, 14: 396-402.

[234] PODSAKOFFP M, MACKENZIE S B, LEE J-Y, PODSAKOFF N P. Common method bias in behavioral research: A critical review of the literature and recommended remedies [J]. Journal of Applied Psychology, 2003, 88(5): 879-903.

[235] BAGOZZI R P, FORNELL C. Theoretical concepts, measurements, and meaning [J]. A Second Generation of Multivariate Analysis, 1982, 2 (2): 5-23.

[236] BURTON J A, STRAUB D W. Reconceptualizing system usage: An approach and empirical test [J]. Information Systems Research, 2006, 17 (3): 228-246.

[237] COHEN J. Statistical Power Analysis for the Behavioral Sciences [M]. Detroit, NJ: Erlbaum, 1988.

[238] HAIR J J F, HULT G T M, RINGLE C, et al. A primer on partial least squares structural equation modeling (PLS-SEM) [M]. Thousand Oaks: SAGE Publications, 2013.

[239] BARON R M, KENNY D A. The moderator—mediator variable distinction in social psychological research: Conceptual, strategic, and statistical considerations [J]. Journal of Personality and Social Psychology, 1986, 51 (6): 1173.

[240] 吴金红, 陈强, 鞠秀芳. 用户参与大数据众包活动的意愿和影响因素探究 [J]. 情报资料工作, 35(3): 74-79.

[241] 冯小亮, 黄敏学. 众包模式中问题解决者参与动机机制研究 [J]. 商业经济与管理, 2013(4): 25-35.

[242] 王彦杰. 众包社区用户持续参与行为实证研究 [D]. 大连: 大连理工大学, 2011.

[243] SURE Y, MAEDCHE A, STAAB S. Leveraging Corporate Skill Knowledge-From ProPer to OntoProPer [C]. PAKM, 2000.

[244] BECERRA-FERNANDEZ I. The role of artificial intelligence technologies in the implementation of people-finder knowledge management systems [J]. Knowledge-Based Systems, 2000, 13(5): 315-320.

[245] GARRO A, PALOPOLI L. An xml multi-agent system for e-learning and skill management, Agent Technologies, Infrastructures, Tools, and Applications for E-Services[J]. Springer, 2003, 283-294.

[246] RESNICK P, KUWAARA K, ZECKHAUSER R, et al. Reputation systems [J]. Communications of the ACM, 2000, 43(12): 45-48.

[247] ZHOU M, DRESNER M, WINDLE R J. Online reputation systems: Design and strategic practices [J]. Decision Support Systems, 2008, 44(4): 785-797.

[248] 刘寅,吴毅坚,彭鑫,等. 威客平台信誉能力评价机制研究 [J]. 计算机科学, 2012, 39(10): 26-30.

[249] DONEY P M, CANNON J P. An examination of the nature of trust in buyer-seller relationships [J]. the Journal of Marketing, 1997: 35-51.

[250] SUN H. Sellers' trust and continued use of online marketplaces [J]. Journal of the Association for Information Systems, 2010, 11(4): 2.

[251] DIAMANTOPOULOS A. Incorporating formative measures into covariance-based structural equation models [J]. MIS Quarterly, 2011, 35(2): 335-358.

[252] DIAMANTOPOULOS A, RIEFLER P, ROTH K P. Advancing formative measurement models [J]. Journal of Business Research, 2008, 61(12): 1203-1218.

[253] DIAMANTOPOULOS A, WINKLHOFER H M. Index construction with formative indicators: an alternative to scale development [J]. Journal of Marketing Research, 2001, 38(2): 269-277.

[254] 郭立甫. 我国外汇市场压力的测算及影响因素研究——基于 MIMIC 模型 [J]. 国际金融研究, 2014(1): 74-85.

[255] EICHENGREEN B, ROSE A K, WYPLOSE C, et al. Exchange market

mayhem: the antecedents and aftermath of speculative attacks [J]. Economic Policy, 1995: 249-312.

[256] 吴明隆. 结构方程模型: AMOS 的操作与应用 [M]. 重庆:重庆大学出版社, 2009.

[257] 徐蔼婷, 李金昌. 中国未被观测经济规模——基于 MIMIC 模型和经济普查数据的新发现 [J]. 统计研究, 2007, 24(9): 30-36.

[258] GOO J, NAM K. Contract as a source of trust-commitment in successful IT outsourcing relationship: An empirical study [C]. Proceedings of the 40th Hawaii International Conference on System Sciences, 2007.

[259] ALBERS S, HILDERANDT L. Methodische probleme bei der erfolgsfaktorenforschung-messfehler, formative versus reflektive Indikatoren und die wahl des strukturgleichungs-modells [J]. Zeitschrift Für Betriebswirtschaftliche Forschung, 2006, 58(2): 2-33.

[260] TENENHAUS M, AMATO S, ESPOSITO V V. A global goodness-of-fit index for PLS structural equation modelling [C]. Proceedings of the XLII SIS Scientific Meeting, 2004.

[261] WETZELS M, ODEKERKEN S G, VAN OPPEN C. Using PLS path modeling for assessing hierarchical construct models: guidelines and empirical illustration [J]. Management Information Systems Quarterly, 2009, 33(1): 11.

[262] DYER J H, CHU W. The role of trustworthiness in reducing transaction costs and improving performance: Empirical evidence from the United States, Japan, and Korea [J]. Organization Science, 2003, 14(1): 57-68.

[263] 吴清, 刘嘉. 企业研发外包中的交易效率与决策模型研究 [J]. 科技进步与对策, 2011, 28(10): 69-71.

[264] 谢庆华, 黄培清. R&D 外包的决策模型,创新风险及关系治理 [J]. 研究与发展管理, 2008, 20(4): 89-95.

[265] 黄波,孟卫东,李宇雨.基于道德风险的研发外包利益分配方式研究[J].科技进步与对策,2010,27(10):16-19.

[266] 伍蓓,陈劲,吴增源.企业 R&D 外包的模式,测度及其对创新绩效的影响[J].科学学研究,2009,27(2):302-308.

[267] 刘丹鹭,岳中刚.逆向研发外包与中国企业成长——基于长江三角洲地区自主汽车品牌的案例研究[J].产业经济研究,2011(4):44-52.

[268] OECD Science, Technology and Industry Outlook 2014[R/OL].(2019-12-01)[2021-04-05]. http://www.oecd.org/science/oecd-science-technology-and-industry-outlook-19991428.htm.

[269] 中国创新指数创新高 投入强度接近经合组织国家平均水平[EB/OL].(2021-10-30)[2021-10-30]. https://baijiahao.baidu.com/s?id=1715016726855041896&wfr=spider&for=pc.

[270] 王姝,陈劲,梁靓.网络众包模式的协同自组织创新效应分析[J].科研管理,2014,35(4):26-31.

[271] 许小可,刘肖凡.网络科学的发展新动力:大数据与众包[J].电子科技大学学报,2013,42(6):802-805.

[272] CHESBROUGH H W. Open innovation: The new imperative for creating and profiting from technology [M]. Boston: Harvard Business Press, 2003.

[273] 王圆圆,周明,袁泽沛.封闭式创新与开放式创新:原则比较与案例分析[J].当代经济管理,2008,30(11):39-42.

[274] ALBORS J, RAMOS J C, HERVAS J L. New learning network paradigms: Communities of objectives, crowdsourcing, wikis and open source [J]. International Journal of Information Management, 2008, 28(3): 194-202.

[275] SCHENK E, GUITTARD C. Towards a characterization of crowdsourcing practices [J]. Journal of Innovation Economics & Management, 2011(1): 93-107.

[276] SCHENK E, GUITTARD C. Crowdsourcing: What can be Outsourced to the Crowd, and Why [C]. Workshop on Open Source Innovation,

Strasbourg, France, 2009.

[277] 韩清池, 赵国杰. 基于众包的开放式创新研究: 现状与发展方向 [J]. 科技进步与对策, 2014, 21: 004.

[278] 陆丹, 徐国虎. 基于"众包"的企业创新模式研究 [J]. 物流科技, 2013, 36(8): 127-129.

[279] LUHMANN N, DAVIS H, RAFFAN J, et al. Trust and Power: two works by Niklas Luhmann [M]. New York: Wiley Chichester, 1979.

[280] 费孝通, 刘豪兴. 乡土中国 [M]. 北京: 生活·读书·新知三联书店, 1985.

[281] BJORNSKOV C. Determinants of generalized trust: A cross-country comparison [J]. Public Choice, 2007, 130(1-2): 1-21.

[282] HUFF L, KELLEY L. Levels of organizational trust in individualist versus collectivist societies: A seven-nation study [J]. Organization Science, 2003, 14(1): 81-90.

[283] PARK S H, LUO Y. Guanxi and organizational dynamics: Organizational networking in Chinese firms [J]. Strategic Management Journal, 2001, 22(5): 455-477.

[284] WONG M. Guanxi and its role in business [J]. Chinese Management Studies, 2007, 1(4): 257-276.

[285] XIAOJUAN OU C, PAVLOU P A, DAVISON R M. Swift guanxi in online marketplaces: The role of computer-mediated communication technologies [J]. MIS Quarterly, 2014, 38(1).

[286] GUTHRIE D. The declining significance of guanxi in China's economic transition [J]. The China Quarterly, 1998, 154: 254-282.

[287] SHORT J, WILLIAMS E, CHRISTIE B. The social psychology of telecommunications [J]. Contemporary Sociology, 1976.

[288] WILLIAMS E. Experimental comparisons of face-to-face and mediated communication: A review [J]. Psychological Bulletin, 1977, 84(5): 963.

[289] 何永刚, 黄丽华. 案例研究方法在信息系统领域的应用 [J]. 计算机工程

与应用，2009，45(32)：233-236.

[290] YIN R K. Applications of case study research (applied social research Methods) [J]. Sage Publications，2003.

[291] LEE A S. A scientific methodology for MIS case studies [J]. MIS Quarterly，1989：33-50.

[292] KLEIN H K，MTERS M D. A set of principles for conducting and evaluating interpretive field studies in information systems [J]. MIS Quarterly，1999：67-93.

[293] BENBASAT I，GOLDSTEIN D K，MEAD M. The case research strategy in studies of information systems [J]. MIS Quarterly，1987：369-386.

[294] 林海芬，苏敬勤. 管理创新研究方法探析：探索性与解释性案例研究法的结合 [J]. 科学与科学技术管理，2010，31(6)：59-65.

[295] 刘丽华，杨乃定. 针对案例研究局限性的案例研究方法操作过程设计 [J]. 科学管理研究，2005，23(6).

[296] WALSHAM G. Interpretive case studies in IS research：nature and method [J]. European Journal of Information Systems，1995，4(2)：74-81.

[297] MEREDITH J. Building operations management theory through case and field research [J]. Journal of Operations Management，1998，16(4)：441-454.

[298] HART M A. The long tail：Why the future of business is selling less of more by Chris Anderson [J]. Journal of Product Innovation Management，2007，24(3)：274-276.

附录1 服务商-任务匹配因素问卷调查

填写说明:请根据您在猪八戒网上招标任务中对服务商进行选择的经历和感受,对以下的各项描述做出判断。请尽可能客观回答,不要都打一样的分。请您在划线处填上相应的回答,0表示"无法回答此问题",1表示"非常不同意",2表示"不同意",3表示"有点不同意",4表示"中立",5表示"有点同意",6表示"同意",7表示"非常同意"。

请考虑与您选择合作的服务商,并对以下描述做出判断。

1. 我认为这位服务商会根据我的要求完成我的任务。_____
2. 这位服务商的技能、能力和知识与我的任务的要求很匹配。_____
3. 选择这位服务商满意地完成我的任务存在相当的风险。_____
4. 我认为这位服务商符合我的选择条件。_____
5. 这位服务商在市场中获得了积极的评价。_____
6. 如果我选择这位服务商来完成我的目标,有可能会失败。_____
7. 这位服务商在以往的交易中获得了良好的反馈。_____
8. 我选择这位服务商是有风险的。_____
9. 因为猪八戒网是一个值得信任的众包平台,我有信心和这位服务商合作。_____
10. 网上客户一直以来给于这位服务商的评级都很好。_____
11. 基于我的评估,我觉得这位服务商具有完成我的任务所需的技能、能力和知识。_____

12. 这位服务商在网上有好的声誉。_____

13. 在评估了这位服务商后,我觉得这位服务商的技能、能力和知识符合我所贴任务的要求。_____

14. 鉴于猪八戒网作为一个值得信任的众包平台,我可以完全信任这位服务商。_____

15. 这位服务商有可能不能处理好我的任务。_____

16. 我觉得这位服务商很适合我的需要。_____

17. 考虑到猪八戒网是一个值得信任的众包平台,我觉得和这位服务商签约没有问题。_____

18. 请评估您选择这位服务商的倾向性程度并打分。_____

强倾向性　9　8　7　6　5　4　3　2　1　弱倾向性

19. 关于我和我选择的服务商的合作经历,总体上来讲,我_____。

很满意　9　8　7　6　5　4　3　2　1　很不满意
很愉快　9　8　7　6　5　4　3　2　1　很不愉快
很肯定　9　8　7　6　5　4　3　2　1　很不肯定

请考虑投标中您认为最差的服务商,并对以下描述做出判断。

1. 基于我的评估,我觉得这位服务商具有完成我的任务所需的技能、能力和知识。_____

2. 我认为这位服务商会根据我的要求完成我的任务。_____

3. 这位服务商在网上有好的声誉。_____

4. 这位服务商的技能、能力和知识和我的任务的要求很匹配。_____

5. 我认为这位服务商符合我的选择条件。_____

6. 我选择这位服务商是有风险的。_____

7. 这位服务商在以往的交易中获得了良好的反馈。_____

8. 这位服务商在市场中获得了积极的评价。_____

9. 如果我选择这位服务商来完成我的目标,有可能会失败。_____

10. 因为猪八戒网是一个值得信任的众包平台,我有信心和这位服务商合作。_____

11. 网上客户一直以来给予这位服务商的评级都很好。_____

12. 在评估了这位服务商后,我觉得这位服务商的技能、能力和知识符合我所贴任务的要求。_____

13. 鉴于猪八戒网作为一个值得信任的众包平台,我可以完全信任这位服务商。_____

14. 这位服务商有可能不能处理好我的任务。_____

15. 我觉得这位服务商很适合我的需要。_____

15. 选择这位服务商满意地完成我的任务存在相当的风险。_____

17. 考虑到猪八戒网是一个值得信任的众包平台,我觉得和这位服务商签约没有问题。_____

18. 请评估您选择这位服务商的倾向性程度并打分。_____
强倾向性　9　8　7　6　5　4　3　2　1　弱倾向性

基本信息：

1. 您的性别_____。

2. 您的年龄_____。

3. 您在猪八戒网上的发包次数_____。

4. 您在任意外包网站包括猪八戒网上的发包次数_____。

5. 基于您的经验,您在猪八戒网上的交易金额一般为_____。

6. 您对您外包的任务类型的熟悉程度为_____。

a.非常不熟悉　b.不熟悉　c.一般　d.熟悉　e.非常熟悉

7. 您的教育程度_____。

a.初中　b.高中　c.大专　d.本科　e.硕士　f.博士

附录2 网络化众包平台调查问卷

填写说明:请根据您在猪八戒网上的经历和感受,对表中的各项描述做出判断,完全不同意请选1,非常同意请选7,以此类推,在数字上做出标记即可。请尽可能客观回答,不要都打一样的分。

问卷项目	非常不同意	不同意	有点不同意	不确定	有点同意	同意	非常同意
我们和服务商之间有特定的详细说明的协议	1	2	3	4	5	6	7
我们定制了协议来详述客户和服务商各自的责任	1	2	3	4	5	6	7
和我们的服务商之间,我们特别设计了的详尽的合同协议	1	2	3	4	5	6	7
在我和服务商交易时,我知道猪八戒网站会通过其网站上的诸如资金托管、反馈、认证等机制来保护我	1	2	3	4	5	6	7
我相信猪八戒网站上的诸如资金托管、反馈、认证等机制可以保护我,以免和供应方发生有问题的交易	1	2	3	4	5	6	7
当我在猪八戒网站上进行交易时,我知道这个交易系统具有诸如资金托管、反馈、认证等机制来保护我免受供应方不当行为的伤害	1	2	3	4	5	6	7
对于变化保持灵活性是我和服务商关系的一个特点	1	2	3	4	5	6	7
双方都承诺为了整体的利益而不是单方面的利益做出改进	1	2	3	4	5	6	7
如果需要,我们会通知服务商所有可能影响他们的事件和变化	1	2	3	4	5	6	7
在交易过程中双方之间的分歧基本可以被圆满解决	1	2	3	4	5	6	7
双方意见上的分歧按双方共同满意的方式得以解决	1	2	3	4	5	6	7

问卷项目	非常不同意	不同意	有点不同意	不确定	有点同意	同意	非常同意
双方的争执在很大程度上都得到了妥善解决	1	2	3	4	5	6	7
交易双方共同承担交易过程中的风险	1	2	3	4	5	6	7
交易双方对收益和风险均负有责任	1	2	3	4	5	6	7
交易双方都有效地为对方提供其所需的服务	1	2	3	4	5	6	7
我信任众包中介猪八戒网站	1	2	3	4	5	6	7
我相信猪八戒网站是一个值得信任的众包中介	1	2	3	4	5	6	7
我认为猪八戒网是一个正直的众包中介	1	2	3	4	5	6	7
我认为猪八戒网站不是一个投机的众包中介	1	2	3	4	5	6	7
猪八戒网是一个有能力、在行的众包中介	1	2	3	4	5	6	7
在和猪八戒网上的服务商们合作之后,我意识到我信任这些服务商	1	2	3	4	5	6	7
我觉得这些猪八戒网上的服务商是可信的	1	2	3	4	5	6	7
我觉得这些服务商通常会遵守协议,所以在互联网上进行交易没有问题	1	2	3	4	5	6	7
我感到大多数的服务商不仅仅在意他们自己的利益也在意客户的利益	1	2	3	4	5	6	7
我感到大多数的供应方擅长他们的工作	1	2	3	4	5	6	7
我们珍视和这些服务商们的长久商业合作关系	1	2	3	4	5	6	7
在未来我们和服务商的关系是我们一直努力的事情	1	2	3	4	5	6	7
在未来我们会致力于保持一个和服务商的良好的关系	1	2	3	4	5	6	7
我们和服务商的关系值得我们的付出来在未来得以维持	1	2	3	4	5	6	7

基本信息：

1.您的性别_____。

2.您的年龄_____。

3.您在猪八戒网上的外包次数_____。

4.您在任意外包网站包括猪八戒网上的外包次数_____。

5.基于您的经验,您在猪八戒网上的交易金额一般为_____。

6.您对您外包的任务类型的熟悉程度为_____。

a.非常不熟悉

b.不熟悉

c. 一般

d. 熟悉

e. 非常熟悉

7. 您的教育程度_____。

a. 初中

b. 高中

c. 大专

d. 本科

e. 硕士

f. 博士

附录3 信任-未来合作意愿模型结果对比

根据第4章介绍的反映型指标的检验方法,如果不删除关系治理的不显著指标 ERG1,整个模型的结果则发生了改变,如附图3-1所示,定制合同对信任的影响变得不显著。可见,删除不合理指标对准确估计结构模型的重要性。

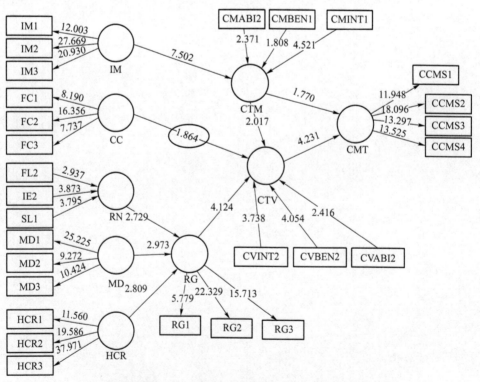

IM 为网站机制;CC 为定制合同;CTM 为买方对平台的信任;
CTV 为买方对供应方的信任;RG 为关系治理;CMT 为未来合作意愿度

附图 3-1 信任-未来合作意愿模型结果对比

附录 4 删除善意指标的信任-未来合作意愿模型结果

如附图 4-1 所示,信任对未来合作意愿的影响并没有因为删除信任的维度之一即善意指标而变得显著,反而 t 值从 1.760 降为 1.667。从这个例子可以看出构成型指标和反映型指标的不同,同时,也证明构成型指标内容效度的重要性。

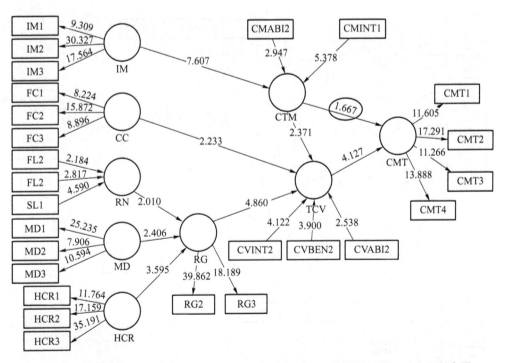

RN 为关系准则;MD 为相互依靠;HCR 为和谐冲突解决;IM 为网站机制;CC 为定制合同;CTM 为买方对平台的信任;CTV 为买方对供应方的信任;RG 为关系治理;CMT 为未来合作意愿度

附图 4-1 删除善意指标的信任-未来合作意愿模型结果

附录5　定制合同和关系治理的交互作用 Smart PLS 结果

　　Smart PLS2.0 也可以对交互作用直接进行检验,在通过建立交互作用变量,对整体结构模型估计结果如附图 5-1 所示。结果表明,定制合同与关系治理对信任影响的交互作用不显著。

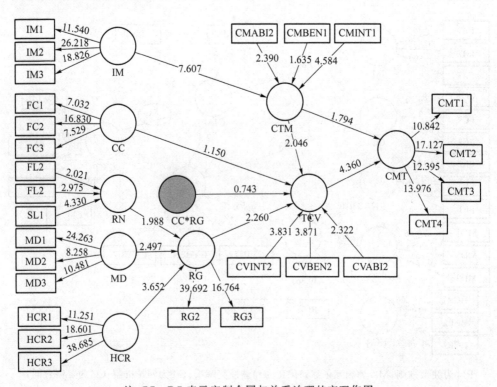

注:CC * RG 表示定制合同与关系治理的交互作用

附图 5-1　定制合同和关系治理的交互作用 Smart PLS 结果

附录6　SD项目技术服务合同

项目名称：_____集团电动汽车可行性分析报告_____　　签订地点：_____

　　委托方(甲方)：_____　　　　　签订时间：×年×月×日

　　服务方(乙方)：_____

中介方：_____上海_____有限公司_____

依据《中华人民共和国合同法》的规定,合同双方就_____集团电动汽车可行性分析报告项目的技术服务(该项目属　/　计划),经协商一致,签订本合同。

一、服务内容、方式和要求

乙方为甲方提供基于互联网技术的创新平台 cs.com,甲方接受网站相关协议,注册成为网站会员,并将"_____电动汽车可行性分析报告"招标任务发布到创新平台上。甲方可以选择专家评标、验收,可以选择监理。由中标方完成该市场分析报告,经甲方同意后验收通过。乙方在此过程中,保证网络平台的正常运行,提供任务发布者发布任务需求和任务接受者提供解决方案的一个交易市场。

甲方所发布的任务要求简要如下。

第一章　总论

项目名称与承办单位;编制依据及编制单位;编制范围;编制原则及指导思想;承办单位情况;项目提出的背景;项目实施的意义及必要性;建设规模及方案;工程实施的条件;项目建设进度;投资估算和融资方案;财务分析与评价;主要技术经济指标;结论。

第二章　市场分析

概论;电动汽车的发展前景;需求分析;价格预测分析;产品竞争能力预测;项目风险分析。

第三章　建设规模及产品方案

建设规模;产品方案;产品技术指标及结构方案;产品生产标准。

第四章　厂址条件

厂址所在位置现状;场址建设条件。

第五章　生产工艺技术及设备

概述;生产工艺技术;主要设备选择;自动控制技术方案;主要原辅材料供应。

第六章　总图运输及公用工程

总图运输;土建设施;电力及自动化;给排水;检化验;修理设施。

第七章　节　能

概述;设计原则;能耗指标及分析;节能措施;供排水的节能。

第八章　环境保护

设计依据;工程概况;污染治理措施;环保机构、环境监测;环境影响分析;环保投资。

第九章　劳动安全卫生与消防

劳动安全卫生;消防。

第十章　建设项目的进度安排

项目进度安排;项目实施进度计划表。

第十一章　劳动定员与企业组织

现有企业劳动定员;人员培训;企业组织。

第十二章　项目招投标方案

建设项目招标范围及招标组织形式;投标、开标、评标和中标程序;评标委员会的人员组成和资质要求。

第十三章　投资估算与资金筹措

投资估算;资金筹措;资金运筹计划。

第十四章　经济分析

财务评价说明;产品成本费用估算;销售收入及税金;利润及分配;财务盈利能

力分析;不确定性分析;财务评价结论。

第十五章　结论与建议

结论;建议。

技术成果将以以下形式提供:在乙方提供的平台上,最终中标方将完整的技术服务报告提交给甲方。

二、工作条件和协作事项

乙方按照合同要求,保证创新平台的正常运行,并保证发布任务、招标、接受任务、验收、付款等功能的正常和正确。

甲方应通过创新平台向乙方提供为该项目完成而使用的相关信息、数据、资料;甲方应当按照本合同约定按时支付合同金额。

三、履行期限、地点和方式

本合同自×年×月×日至×年×月×日在××履行。

说明:该期限和甲方发布任务时间、任务进度要求、甲方验收进度等相关。

本合同的履行方式:

在乙方提供的创新平台上,最终中标方将完整的技术服务报告提交给甲方。

四、验收标准和方式

根据甲方进度要求,技术服务报告各个阶段草稿和最终报告完成之后的1周内,由甲方组织、甲方和甲方邀请的验收专家共同参与方式验收,由__甲__方出具项目验收证明。

五、报酬及其支付方式

(一)本项目报酬(服务费):__××__。项目的壹拾万元费用包括乙方报酬、专家和监理报酬、最终中标方完成项目报告的报酬、其他相关费用等。

(二)本项目中介方活动经费为:__/__元,由__/__方负担。

中介方的报酬为:__/__元,由__/__方支付。

(三)支付方式(按以下第②种方式):

①一次总付:__××__元,时间:__合同签订后的1周内__

说明:甲方必须在发布任务前资金支付到位。根据甲方发布任务的资金托管要求、邀请专家和监理的费用等,乙方会冻结相应的金额。在开标时,乙方收取项目总金额的15%作为乙方报酬。项目完成并最终验收后,甲方通过创新平台将扣除乙方报酬、专家及监理报酬之后的项目报酬支付给完成项目的中标方。

②分期支付：＿×＿×＿,时间：＿项目招标发布前＿

＿×＿×＿,时间：＿项目招标验收前＿

说明：甲方必须在发布任务前资金支付到位。根据甲方发布任务的资金托管要求、邀请专家和监理的费用等,乙方会冻结相应的金额。在开标时,乙方收取项目总金额的15％作为乙方报酬。项目完成并最终验收后,甲方通过创新平台将扣除乙方报酬、专家及监理报酬之后的项目报酬支付给完成项目的中标方。

③其他方式：

六、违约金或者损失赔偿额的计算方法

遵守《cs.com用户服务协议》要求。

七、争议的解决方法：

在合同履行过程中发生争议,双方应当协商解决,也可以请求＿/＿进行调解。

当事人不愿协商、调解解决或者协商、调解不成的,双方商定,采用以下第二种方式解决。

（一）因本合同所发生任何争议,申请＿＿＿/＿＿＿仲裁委员会仲裁；

（二）向＿＿×＿×＿＿＿人民法院起诉。

八、其他(含中介方的权利、义务、服务费及其支付方式,定金、财产抵押担保等上述条款未尽事宜)：

1. 合同条款的任何修改,必须经甲、乙方双方协商书面同意后方能进行。

2. 本合同自双方签章后即时生效。若需要解除此合同,需要甲、乙方共同协商确定。

4. 合同一式六份,甲方三份,乙方三份,具有同等的法律效力。

九、本合同有效期限：××年×月×日至××年×月××日。

附录7 研发众包平台调研访谈提纲

发布方企业：

(1) 是否愿意把研发类任务发包给组织外部，例如通过网络平台发包？会遇到哪些阻力或顾虑？

(2) 从信任的角度，中国的环境对研发外包有什么好的或者坏的影响？

(3) 您认为通过哪些有效的手段可以控制接包方的行为？

(4) 从宏观环境上讲，中国要发展研发外包需要做哪些努力？

cs.com 经理：

(1) 在中国做研发外包有哪些优势和劣势？中国的社会环境会给研发外包带来哪些便利或阻碍？

(2) 在寻找发布方企业的时候会遇到哪些困难？最常见的发布方顾虑有哪些？

(3) 在寻找供应方加入网站时会遇到哪些苦难？最常见的接包方顾虑有哪些？

(4) 网站在仲裁方面发挥怎样的作用？

(5) 您认为研发外包在中国有哪些独特的特点？

(6) 从信任的角度，中国的环境对研发外包有什么好的或者坏的影响？

(7) 中国要想发展研发外包需要做哪些努力？

cs.com 总工程师：

(1) 是否在开发网站时考虑到了信任的因素？

（2）从网站角度，可以设计哪些机制增进发包方和接包方对网站和对方的信任？这些机制的实际效果怎样？

（3）网站收到过来自发包方或者接包方方面的提过的建议？

（4）万慧网是否考虑新建机制帮助用户加强信任？有哪些考虑？

SD公司：

（1）为什么愿意把任务放到网站上来而不是通过传统方式发包出去？

（2）是否愿意信任万慧网和接包方？

（3）是否找到了满意的发包方？是通过万慧网的推荐找到的吗？

（4）在任务完成的过程中是否遇到了困难？是如何解决这些困难的？

（5）与万慧网及接包方的合同是否完善？除此之外是否遇到了合同不能涵盖的问题？解决方案是什么？

A：

（1）您在万慧网上接任务的动力是什么？

（2）您信任万慧网和上面发布的任务吗？

（3）什么原因导致任务没有完成？您有什么经验可以分享？

（4）您认为网站的机制设置科学合理的吗？您对得到的报酬和这个工作模式满意吗？

（5）您认为哪些网站设计可以吸引更多的用户呢？

B：

（1）您在万慧网上接任务的动力是什么？

（2）您信任万慧网和上面发布的任务吗？

（3）您认为网站的机制设置科学合理的吗？您对得到的报酬和这个工作模式满意吗？

（4）您认为哪些网站设计可以吸引更多的用户，尤其是专家用户呢？